金融风险及防范对策研究

——基于财政联结的角度

商　瑾　著

中国财经出版传媒集团
中国财政经济出版社

图书在版编目（CIP）数据

金融风险及防范对策研究：基于财政联结的角度／商瑾著．
—北京：中国财政经济出版社，2018.8
ISBN 978-7-5095-8161-2

Ⅰ.①金… Ⅱ.①商… Ⅲ.①金融风险防范-研究-中国
Ⅳ.①F832.1

中国版本图书馆CIP数据核字（2018）第058754号

责任编辑：孙　腾　　　　责任校对：刘　靖
封面设计：孙俪铭　　　　版式设计：录文通

中国财政经济出版社出版
URL：http：//www.cfeph.cn
E-mail：cfeph@cfeph.cn

社址：北京市海淀区阜成路甲28号　邮政编码：100142
营销中心电话：010-88191537　北京财经书店电话：64033436　84041336
北京财经印刷厂印刷　各地新华书店经销
880×1230毫米　32开　5.5印张　144 000字
2018年8月第1版　2018年8月北京第1次印刷
定价：32.00元
ISBN 978-7-5095-8161-2
（图书出现印装问题，本社负责调换）
本社质量投诉电话：010-88190744
打击盗版举报热线：010-88191661　QQ：2242791300

前 言

金融是现代经济的核心。经过40年的改革开放，我国经济建设取得了举世瞩目的成就，金融领域的改革也不例外，金融成为资源配置和宏观调控的重要工具，成为推动经济社会发展的重要力量。但与此同时，金融风险以及不稳定因素的累积也令人担忧。党的十九大提出，“健全金融监管体系，守住不发生系统性金融风险的底线”。这是习近平新时代中国特色社会主义思想在金融领域的根本要求。防范发生系统性金融风险将成为我国金融工作的永恒主题。

本书综合运用多个学科的理论，从金融风险理论入手，结合定性与定量的研究方法，分析我国金融业存在的风险及主要影响因素，立足我国转型期的经济特征，探讨如何通过有效措施防范金融风险，保持金融稳定，并提出较为系统的政策建议。

第一章导论部分，主要讨论金融风险的理论和实践意义，介绍国内外学者对金融风险的研究情况，梳理已有的金融风险研究成果，包括金融风险的宏观理论分析、金融风险的微观理论分析、金融风险来源及影响因素。

第二章从财政的角度对金融风险的基本理论进行分析。本章从经济学原理分析金融风险的生成机理，介绍金融风险成因的相关理论与假说。在分析金融风险与财政风险联动机制的关系时，首先从财政与金融的关系入手进行分析，其次研究了金融风险向财政风险的转化、财政风险向金融风险的转化、金融风险和财政风险相互转化的原因，并论述金融风险与财政风险联动机制的博弈模型。最后介绍了金融风险的两大类型，即微观金融风险和宏观金融风险，得出政府应当承担宏观金融风险责任的结论。

第三章研究了国外防范化解金融风险的主要经验。为了应对此次全球金融危机，各国政府都采取了积极的财政政策与货币政策，以防范和化解金融风险，促进经济复苏。本章主要通过对美国、欧盟、日本和俄罗斯的实证分析，较为系统地探讨了各国政府应对突发性金融危机的政策措施，并简要评价了政策实施的效果，在此基础上总结了各国应对金融风险的经验教训。

第四章分析我国金融业面临的风险，划分了三个时间段进行研究。首先，介绍了计划经济体制下的金融风险主要表现为政策风险和操作风险。其次，介绍了转轨时期金融风险的基本类型及生成机理，分析了金融风险对我国经济的影响。再次，分析了金融自由化对国内金融机构和金融监管体系的影响。最后，对我国防范金融风险的政策进行了回顾。

第五章研究了金融风险测量与危机预警模型。首先，介绍了金融风险管理模型，详细分析了市场风险模型、信用风险模型以及金融风险管理模型在我国的应用。其次，介绍了金融预警模型，具体分析了金融预警模型的基本思想、金融预警模型的几种形式、金融预警模型在我国的应用及金融预警模型的评价和发展方向。

第六章提出了防范金融风险的对策建议。首先，提出了防范金融风险的财政政策，建议进一步加强财政对金融体系的财务监管，完善财政注资，推进金融改革以推动完善资产管理公司运行机制，增强财政体系防范风险的能力。其次，提出了防范金融风险的货币政策，建议进一步完善货币政策工具，确立合理的货币政策目标，疏通货币政策传导机制。再次，提出了防范金融风险的宏观审慎监管政策，建议进一步加强宏观审慎监管。最后，提出了防范金融风险的其他配套措施，建议进一步健全和完善国有商业银行公司治理结构，适时建立存款保险制度，完善金融监管机制。

金融风险及其防范对策是各国在经济发展过程中需要重点关注的问题。本书的创新之处在于，从宏观的角度分析金融风险和财政风险的共生性及联动传导机制；基于财政联结的角度研究金融风险，试图对该问题提出系统全面的理论和经验解释，探索新形势下如何协同各方力量有效地防范金融风险，丰富以转型经济国家为背景的防范金融风险研究。

序　一

金融发展的历史证明，防范金融风险是金融发展的永恒主题。金融安全直接关乎国家经济社会稳定大局，关乎人民群众根本利益。党中央国务院对金融工作特别是防范金融风险高度重视，并将防范金融风险列为三大攻坚任务里的首要任务。

近年来，国际经济形势复杂多变，国内经济发展处于阶段更替、结构转换、风险释放的关键期，面临的问题和矛盾更加错综复杂。作为全球第二大经济体，我国金融产业的国际化进程不断深入。但在与国际接轨的过程中，要充分认识到金融业具有极强的关联性以及风险扩散的叠加性，防止系统性风险的产生。

本书在剖析金融风险生成机理的基础上，研究新形势下防范金融风险长效机制的构建，将对微观经济基础的关注和对周期性宏观经济因素的重视相结合，探索构建一个较为系统的金融风险测量与危机预警模型，为金融风险的分析提供一个连贯一致的架构。在总结各国防范金融风险经验的基础上，着重分析了我国不同发展阶段存在的金融风险及生成机理，并对我国金融风险和财政风险的联动机制进行了深入探讨，丰富了以转型经济国家为背景的防范金融风险的政策研究。因此本书的研究内容具有十分重要的现实意义。

习近平总书记指出，“金融活，经济活；金融稳，经济稳。”金融已成为现代经济的核心。经济的稳定性在很大程度上依赖于金融的稳定。党的十八大以来，党和国家领导反复强调要把防控金融风险放到更加重要的位置，牢牢守住不发生系统性风险的底线，并采取了一系列措施加强金融监管，防范和化解金融风险，维护金融安全和稳定。因此，当前加强金融风险的研究十分重要，这也是金融研究工作者的责任所在。商瑾博士所著的《金融风险及防范对策研究——基于财政联结的角度》一书，创新性地基于财政联结的角度来研究金融风险，从宏观层面分析金融风险和财政风险的共生性及联动传导机制，剖析我国金融体系面临的风险状况。研究视野开阔，观点颇为新颖，研究方法得当，具有较高的学术价值。衷心希望本书能够为推进我国金融改革和防范金融风险提供有益借鉴。

张通

2018 年 6 月

序　二

近年来，随着我国金融体制改革不断深化，金融体系、金融市场、金融监管和调控体系日益完善，金融机构实力大大增强，我国已成为重要的金融大国。但在国际国内经济下行压力因素综合影响下，我国金融发展仍面临不少风险和挑战。在经济全球化深入发展的今天，金融危机外溢性突显，国际金融风险点仍然较多。一些国家的货币政策和财政政策调整形成的风险外溢效应，有可能对我国金融安全形成外部冲击。

习近平总书记指出，“金融安全是国家安全的重要组成部分，是经济平稳健康发展的重要基础。”我国对金融工作和金融安全始终高度重视，金融已成为推动经济社会发展的重要力量。党的十八大以来，党和国家领导人反复强调要把防控金融风险放到更加重要的位置，牢牢守住不发生系统性风险的底线，并采取了一系列措施加强金融监管，防范和化解金融风险，维护金融安全和稳定。

当前，中国特色社会主义已进入新时代，在新的时代背景下，防范化解金融风险是一项重要任务。因此，研究金融风险防范具有十分重要的意义。国内不断有学者开展金融风险的研究，商瑾博士的这本《金融风险及防范对策研究——基于财政联结的角度》就是此类著作中比较有特色的一本。在我看来，本书的特点有二：其一，对美国、欧盟、日本和俄罗斯进行深入分析，系统地研究了各国政府应对突发性金融危机采取的政策措施和实施效果，为我国防风险研究提供了国际经验；其二，从与财政联结的角度研究金融风险，对防风险问题提出系统全面的学理和经验解释，提出新形势下如何协同各方力量有效地防范金融风险，丰富了以转型经济国家为背景的防范金融风险研究。这些，对于我国金融体制改革以及金融监管政策的制定，是有重要参考价值的。

财政和金融作为国家调控宏观经济发展的重要手段，两者的作用不可替代，需要在诸多方面协调配合。财政和金融具有很强的相关性，但也具有一定的差别。社会中两种主要的资金构成就是财政与金融，它们在经济运行时必然会产生联系，财政与金融的联系直接伴随着两种风险之间的联系。所以，我们在研究金融风险时，不能孤立地只从金融的角度进行分析，或者仅分析微观金融机构的风险点，而要基于更加广阔的视角，立足于我国国情，准确把握我国经济发展特点和规律，从与财政联结的角度研究金融风险，从宏观层面分析金融风险和财政风险的共生性及联动传导机制，并剖析我国金融体系面临的风险状况。我想这样有针对性的研究，对我国防范金融风险是更加有价值的。

2018 年 6 月

目　录

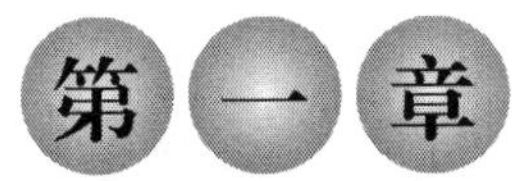

国内外金融风险问题研究的简要回顾与分析

一、金融风险的宏观理论分析

（一）金融不稳定假说

美国专家凡勃伦在其《商业企业理论》和《所有者缺位》中第一次提出了金融不稳定假说的理论体系。此后，另外两位美国专家金德尔伯格以及明斯基又分别对上述理论体系做了补充和全面的解释说明。明斯基（Minsky，1972，1985，1991）提出金融不稳定假说（financial instability hypothesis），这一假说在金融危机史上具有十分重要的地位。

在明斯基的研究理论中，商业银行、私人信贷机构以及贷款方都会出现周期性危机的情况。一旦金融体系中的中介机构出现经营危机，就会影响金融运营的各个方面，导致经济出现滑坡。明斯基理论体系中，经济生活中长期存在着金融不稳定的问题，一段时期内的周期性经济繁荣与衰退是导致金融不稳定的主要原因之一。明斯基按照借款目的对借款人进行划分，大致可以分为三类：用于资金抵用和补偿的借款人、用于投机的借款人以及用于投资高风险项目的借款人。第一种借款人是三类借款人中安全系数最高的，他们根据未来的资金流需要进行资金的筹集；第二类借款人按照将来资金的使用进行资金筹集；第三类借款一般存在于回收周期长的项目，这类借款方式难以通过收益进行借款的支付，必须通过融资进行本息的支付。在不断繁荣发展的市场经济中，使用投机性和高风险性借款的大企业逐渐增多，而使用抵补性借款的企业逐渐变少。在经济快速增长期，企业和银行都倾向于投资风险高、收益大、周期长的项目。银行和企业之间的合作更加紧密，此时私人企业和家庭的负债水平持续升高，房地产价格、股票价格处于迅速上升时期，经济秩序失衡。紧接着，经济增长速度降低，这时如果不给企业提供必要的资金支持，那么就会产生一系列的企业破产现象，最终导致银行破产，并引发一系列金融机构内部破产，产生多米诺效应，导致经济繁荣时期出现的泡沫不断破裂，金融风险出现。

明斯基针对上述理论进行了原因分析，一种原因是银行之间历来存在的竞争所带来的压力，为了争夺市场资源，银行必须通过自由放贷的方式参与竞争；另一种原因是来自于无知，也称代际遗忘，借款人忽略了之前的经济危机及其带来的灾难性影响。

（二）金融风险的货币主义观点

经济学家弗里德曼和施瓦茨（Friedman and Schwartz，1963）都是“货币主义”的典型支持者。他们研究分析强调了货币因素对金融风险的作用，认为金融动荡的基础在于货币政策，货币需求是一个稳定的函数，而货币数量决定了物价和产出量；如果货币存量发生较大改变，那么在很大程度上就意味着会发生金融危机。他们认为如果货币供给没有过度的参与，金融体系不大可能发生动荡。正是由于货币政策的失误，会引发金融不稳定，暂时的金融困难可能会最终导致整个金融体系的破坏。施瓦茨认为，如果在金融波动的过程中货币数量并没有显著减少，那么这就是“伪金融危机”。他们在《美国和英国的货币趋势》（1982）中通过对美国1867—1960年期间发生的六次金融危机的研究发现，其中四次金融危机都与银行或货币因素有关。

货币学派的美国学者布尔默（Bulmer）和梅尔泽（Meltzer）提出货币存量增速与这种增速的易变性是导致银行业危机的理论。他们认为，货币存量增速对金融风险的产生有巨大的影响。在经济平稳运行的情况下，如果央行因为错误估计货币需求大幅度减少货币的发行量，银行就会通过资产出售的方式应对突然出现的货币紧缩以满足货币储备的正常需求，资产价格大幅下降会带来利率的上升，从而给银行带来严重的偿付危机，存款人对银行的信任也会大打折扣。资金流动量低、偿付危机的出现都会造成货币供应的持续减少，大批银行不断倒闭，从而最终引发金融危机。

（三）经济周期理论中的金融风险

在西方传统宏观经济理论中，对银行危机的分析也往往与经济周期理论结合在一起，如 Wicksell（1898）对自然利率和市场利率相背离引起经济的累积性扩张分析。凯恩斯（1936）对于预期和不确定性的强调是分析经济周期性过程中金融不稳定性的主要贡献。他认为资本边际效率的循环变动是引发经济周期变动的主要原因，金融危机产生的原因是多方面的，既有投资过度的因素，也有投资环境的不合理导致的投资预期未能实现的因素。通常来说，一旦资本边际效率发生崩溃，就会发生金融危机，并且这种危机有极大的典型性，认为金融危机的爆发缘于利率上涨的经验往往是错误的。如果经济繁荣，那么大多数人们会保持乐观的投资预期，资本品也随之增多。如果经济进一步繁荣，投资预期会继续保持乐观态势，一旦经济出现衰退的迹象，人们就会质疑当前的投资的可靠性，对未来收益持怀疑态度。如果这种氛围不断扩散，就会大大降低资本的边际效率，导致经济衰退。Brio，Furfine 和 Lowe（2001）说明了金融系统“内在周期性”的程度，即对价值和风险的认知与风险承担意愿一样，都会随着经济上下波动而变化。存贷差、资产价格、银行内部风险评级以及诸如贷款损失准备对预期损失的会计计量都是顺周期性的，这些顺周期行为会与实体经济相互作用，放大经济波动。William（2006）则进一步指出，诸如20世纪80年代末北欧国家和日本的银行危机，1994年的墨西哥危机以及1997—1998年东亚严重的银行问题，都足以说明经济周期的萧条阶段会伴随着金融体系的危机。

二、金融风险的微观理论分析

（一）信息不对称与金融风险

在金融市场上，信息不对称问题广泛内生地存在，无法从根本上消除，因而使市场的有效性大受影响。在金融市场中，两种情况下都可能会出现信息不对称。一种是出现在交易之前，另一种是出现在交易之后，前者可能会产生逆向选择，后者则会出现道德风险。

在逆向选择与金融风险关系的理论分析方面，最具代表性的当属Stilts和Weiss（1981）对逆向选择和不当激励总是存在于信贷市场上的证明。他们指出，在经济运行良好的时候，人们往往会从股市、房地产等项目中获得巨大收益，这些项目在信贷市场上往往是最愿意支付最高利率的，如果经济陷入低谷，那么这些项目会出现严重的危机，这种情况下极易导致金融机构出现困境。另外，即使在金融机构内部，出于内控制度上的考量，奖励力度和处罚力度不对称，管理层也愿意选择那些风险较高，但一旦成功便会产生高回报的项目。他们认为信息不对称与金融中介的脆弱性具有非常密切的关系。借款一方十分清楚项目未来可能会遇到的潜在风险，储蓄一方却几乎完全不了解资金去向，这种情况下信息严重不对称，信贷市场可能会出现逆向选择，同时道德风险也随之形成。如果去掉此过程中的金融中介，那么就会出现更为严重的逆向选择和道德风险，信贷市场活跃度逐渐降低。以下因素的存在可能会影响金融中介的积极性，主要表现在：对银行的信任以及金融机构对借款人的监督是高效的，在实际情况下，上述因素并不是绝对的，正是由于信息的不对称性，金融中介极为脆弱，导致金融风险的产生。因此，由于逆向选择所导致的金融不稳定因素的累积，使金融风险会不断加剧，最终可能导致极端情形——金融危机的发生。

在道德风险方面，Mishkin（1999）研究了道德风险和银行危机的对应关系，他认为，信息不对称会导致道德风险，它们直接造成银行危机的产生，从而使得金融市场无法有效地引导资金流向。他指出，如果贷款条件不是十分具备，一旦贷款人产生道德风险，那么银行体系的不稳定性就会大大增加。刘锡良（2002）认为亚洲金融危机充分体现了金融体系的脆弱性，甚至指出这一脆弱性的根源就在于道德风险。此外，一些学者认为，央行的最后贷款人职能会诱发道德风险：一是会导致银行的管理者和股东过度的风险承担（Ferias and Roche，1997）；二是由于中央银行作为公共部门会给行将破产的金融机构提供风险资本，这将使得那些没有受到存款保险保障的存款人对于他们存款机构的行为和表现的监管动机弱化（Saurian，1991；Tyrol，1996）。

（二）银行挤兑模型

银行挤兑模型源于Kindle Berger（1978）提出的太阳黑子论，该模型中，未知的存款人流动性和相对来说较为固定的资产负债比都是造成银行体系不稳定的重要原因。Diamond 和 Diving（1983）运用信息不对称和博弈理论，深刻解释了银行挤兑形成原因及后果，认为挤兑的发生主要源于信心问题；银行挤兑的成本是相当高的，如果一个银行倒闭会带来两方面的负面影响：一方面终止生产性投资，破坏了存款者之间的最优风险分担；另一方面，如果银行挤兑发生，货币系统的瓦解以及其他经济问题都会出现。有效实施政府的存款保险这一方式可以合理消除挤兑平衡。但是它的前提是政府要征收最优的税金，否则，实施过程中会出现税收扭曲的问题，并且还会产生其他费用，这些都可能会造成居民福利水平下降。

其后，Wallace（1988）、Chair（1996）、Champers（1996）等学者对银行挤兑模型进行了补充和完善。例如，Gorton（1985，1988）和Park（1992）等都在模型中增加了信息的因素，该模型侧重于银行信息缺失情况下的分析，存款人由于不能预测未来的收益，错误估计了银行的清偿能力，也就是说，如果存款人拥有银行私人信息，此时他做出的收益预期可能比单纯根据投资“噪声”指标所做出的决定要好得多。从这个模型的理论分析得出，银行体系的风险是可控的，是由多种外部因素造成的。Jagannathan（1988）研究后认为，根据持有银行信息量的多少，存款人也分为两种：持有较少信息的和持有较多信息的，由于信息量较少，前者一般通过多数人的行为再做出决定，银行挤兑的过程就是个别存款人的理性引发的“非理性”过程。Macklin（1988）认为造成挤兑的原因之一可能是因为不确定的生产回报引发了不确定的银行体系，挤兑的现象并不是“单一性”的事件，它是多种指标变化引发的系统性问题。Dowd（1992）在此基础上深入研究发现，如果银行资本足够充足，存款人是不会担心资本流失的，也就不会产生挤兑。然而，对于银行资本存量充足与否的标准，目前还缺乏有说服力的研究成果。

三、金融风险来源及影响因素

金融风险来源可概括为两类（Shinas，2007）：一是外部风险来源，源于宏观经济扰动和突发事件冲击；二是内生风险来源，主要源于金融机构风险累积、金融市场动荡和金融基础设施不完善。此外，国内有部分学者结合我国实际，探讨了转型经济时期影响金融稳定的一些特殊因素。

（一）外部风险来源及影响因素

1. 宏观经济波动

宏观经济波动可能给金融体系带来严重冲击。一国经济结构不合理将导致该国国际收支失衡，如果缺乏有效的宏观经济政策予以缓解，在国际热钱冲击的特定情形下可能引发货币危机和银行危机。传统上，学者们多关注真实 GDP 增长（real GDP growth）（负相关，如 Kaminski，1999；Frankel and Rose，1998），外部真实利率（external real interest rates）（正相关，如 Eichengreen and Rose，1998；Kaminski，1999），国内真实利率（domestic real interest rates）（正相关，如 Mishkin，1998；Detragiache，1998），大额资本流入（large capital inflows）（正相关，如 McKinnon and Pill，1994），资本流出或资本外逃（正相关，如 Calve，1997；Detragiache，1998；Kaminski，1999），通货膨胀（正相关，如 Bordo and Murshid，2000；Hardy and Pazarbasioglu，1999；Detragiache，1998），固定汇率制（若是外部冲击则正相关，若是威胁内部稳定则负相关，如 Eichengreen，1998；Eichengreen and Arteta，2000）与金融危机之间的关系。次贷危机爆发之后，以下因素引起了学者们更多的关注：

（1）国际收支。第一，国际贸易。羌建新（2007）认为，对外贸易流量与金融流量同时产生，两者之间是相互对应和相互影响的。面对我国对外贸易的繁荣局面，我们应当重点关注对外贸易依存度，并思考金融市场与贸易顺差之间的相互作用和相互影响。

第二，外汇储备。在外汇储备与金融风险的关系方面，苑德军（2006）认为，过高的外汇储备加大了中央银行的对冲操作成本，在某种程度上会对央行独立的货币政策产生影响，影响调控政策的实施效果。

第三，国际资本流动。国际资本流动与金融风险的关系并无定论。一些研究认为国际资本流动促进金融稳定。代表人物主要是

Markowitz（1952），他基于资产组合理论，认为国际资本流动促进金融一体化，继而有利于金融稳定。Classmen（2001）、Henry（2000）、Stutz（1999）均支持了 Markowitz（1952）的观点。但更多的学者认为国际资本流动，尤其是短期的国际资本流动容易引发金融风险。例如，Raveled（1998）认为亚洲金融危机的核心是在20 世纪 90 年代被吸引到该地区的大量的资本流动。鄂志寰（2000）指出，各类资本持续流入在推动金融深化、扩大金融市场规模、提高金融市场效率的同时，也带来了金融体系波动性上升以及金融市场动荡频繁爆发等问题，资本流动导致金融风险。王跃生、潘素昆（2006）通过 20 世纪 90 年代中后期马来西亚国际收支和金融体系受到外国直接投资（FDI）不利影响的经验及其作用机理的分析，认为外国直接投资并非总是有利于发展中国家国际收支和金融稳定，甚至可能成为金融危机的重要因素之一。陈秀花（2007）则指出，从 2002 年开始，我国非国外直接投资资本流入和“错误与遗漏”账户一改过去十多年的运行模式，由负转正，明确地显示出人民币升值预期下大量投机性资本的偷偷流入，继而对我国金融体系造成了负面影响。

（2）金融自由化。早在 20 世纪 80 年代，专家迪亚兹·亚历杭德罗（Diaz Alejandro）就认为金融自由化会导致风险的产生。他以20 世纪 70 年代智利的金融市场为研究对象，通过研究该国金融市场自由化问题后发现，金融自由化导致了金融危机的出现，1996年，杰垃德·卡普里（Gerard Capri）和达尼埃拉·兰热（Daniela Lingerie）调查后得出结论，从 20 世纪 70 年代开始，世界各国都曾出现过银行危机。伴随金融自由化产生的风险导致了银行危机，其中，不稳定的出口和价格因素起着非常重要的作用。对全球 29 例银行危机进行调查后发现，由贸易环境改变导致的银行危机约占三分之二。大部分银行危机中都出现过因金融监管措施不到位而产生金融危机的问题。Capri，Hoonah 和 Stilts（1999）指出金融部门发展及其运营情况都会受到金融自由化的重要影响。不同的实施方法，例如放宽金融机构准入条件、金融机构私有化以及放弃利率管制等都可以导致金融自由化产生新的风险，20 世纪 90 年代，多利（Dooley）和罗西（Rossi）得出结论，一个国家制度越不健全，如腐败问题严重、法制不健全、公共秩序混乱等，越容易受到金融自由化的负面影响。当然，并不是自由化的过程就一定会产生金融危机，而是如果金融自由化过程中没有优秀的制度和良好的政策环境与之相匹配，就极有可能发生严重的金融危机。Weller（2001）通过研究 1973—1998 年期间 27 个新兴市场经济国家，发现这些国家在实现金融自由化后更易遭到金融危机的袭击。

（3）国际金融监管与合作。目前，随着国家之间金融监管机构的合作越来越密切，世界金融体系正朝着一体化不断迈进，其中，不同国家在金融体系中的地位和分量，代表着各国的利益差异，它们的存在在一定程度上阻碍了国际间金融监管合作的密切进行。White（2006）指出，当前的根本问题在于缺乏一个统一的体系，可以在一定程度上迫使各国改变它们的相对国内消耗度、相关的汇率，从而以有序的方式减少外部失衡。

2. 突发事件冲击

各种突发的政治事件（包括恐怖主义袭击和战争）、自然灾害以及大型企业的倒闭等，都可能重创市场信心，影响整个金融体系的正常运转。例如，巴曙松等（2007）指出，只有不断减轻未预期扰动因素对投资产生的负面影响，才能保持金融稳定。目前，全球金融体系正在朝着一体化不断迈进，为了保证全球金融的安全稳定，各个国家必须提高对地区冲突、传染性疾病等压力测试的重视程度。

（二）内生风险来源及影响因素

1. 金融机构风险累积

金融机构自身面临各种金融风险，如市场风险、信用风险、外汇风险、流动性风险等，这些风险的积累可能触发单个金融机构的经营失败，继而引发多米诺骨牌效应，导致大量银行倒闭和整个金融体系瘫痪。其中最为重要的金融机构是银行，吴敬琏认为，20世纪经济学家对全球金融经济进行深入分析后发现，只有银行运行稳定，整个国家的金融系统才能稳定。吴军对金融稳定与银行信贷的相互联系进行深入探讨后研究发现，金融资产其实是一种价值形态，只有实物资产才能在实体经济中运行，两者的适应水平是构成金融稳定的基本要素；如果价值形态与实体发生分离，那么极有可能导致两者的背离的发生；如果选择向银行借贷的方式进行资本筹集，那么两者就可能会产生实实在在的分离，导致“泡沫经济”的出现，从而对金融系统的稳定性产生重要的影响。Gavin 和 Houseman（1996）、Sachs（1999）、Kaminski（1999）、Eichengreen 和 Arleta（2000）等研究结论均表明，银行对私人部门信贷增长过快将诱发银行危机。

金融机构风险积累很大程度上来源于金融机构内在的不稳定性。对此，学者们做出了如下解释：（1）信息不对称导致逆向选择。Smith（1987）借用 Rothschild 和 Stigler（1976）对保险合约分析的结论，利用逆向选择原理进行分析，提出竞争导致的银行内在不稳定是由于存款合约的性质。（2）竞争风险与资产风险的替代。Coggins（1988）指出，银行的安全约束由竞争风险与资产风险构成，两者相互制衡、此消彼长。而银行的管理者更愿意以资产风险替代竞争风险，因为资产风险显现需要一段时滞。（3）信贷机制的内在不稳定。Mill（1848）就指出，经济上升易导致信贷扩张，价格上升，泡沫破裂，产生金融恐慌。Simons（1948）也提出了同样的观点。

2. 金融市场动荡

金融市场动荡主要表现为交易对手风险（counterparty risk）、资产价格泡沫、市场挤兑和濡染。其中，交易对手风险即合约对方不履行合约责任的风险，此次次贷危机就是因此令整个金融系统都陷入十分被动的境地。资产价格泡沫是指在资产价格持续上涨的过程中，容易出现市场信心过度膨胀，由此导致企业、居民和金融机构的非理性行为，助长资产价格泡沫，加大了未来市场调整的风险。一旦市场预期逆转，资产价格泡沫破裂甚至会引发金融体系崩溃。市场挤兑则是指由于各种金融风险事件的突发，如大型金融机构倒闭、资产价格急剧下降等，可能引发市场信心丧失，造成市场流动性紧缺甚至枯竭，从而引发系统性风险，危及整个金融体系。造成金融市场动荡的原因主要包括金融结构失衡、金融创新风险转移不当、资产价格波动幅度过大等。

（1）金融结构。金融结构是指金融中介机构和金融工具之间的比例关系，不同类型的金融工具与金融机构的存在、性质以及相对规模体现了一国的金融结构。金融结构可分为金融上层结构、金融中介结构和金融工具结构（Goldsmith，1969）。斯蒂尔茨（Stilts）的观点是，如果金融结构不能有效发挥作用，那么经济会出现衰退，倘若对此不能及时控制，就很有可能引发金融危机。Demiurgic Kent 和 Levine（1998）通过对全球超过 150 个国家的金融结构与股票市场的关系研究发现，国家财富越多，金融的影响力和效率水平与其金融机构以及股票市场的大小呈正相关关系，如果国家之间居民收入差异较大，那么在居民收入与金融结构的规模之间没有明显的关联度，如果同是在高收入国家间进行比较，就会发现这些国家的股票市场影响力更大，效率水平也更高。2005 年，郭翠荣对欧美以及日本等几个经济发达国家的金融倾斜演变进行了详细分析，金融结构自然的、渐进的发展历程造成了金融倾斜的现象，如果急于求成，通过人工手段逆转金融倾斜现象，不仅是不理性的，而且还会不利于金融体系的发展。

第一，金融的合并（Financial Consolidation）。在对金融中介结构层面的分析中，金融合并因显著提高市场集中度而备受关注。然而，金融合并对风险的影响有两种截然不同的看法：一类学者认为，金融合并会降低金融体系风险。例如，Beck（2006）研究指出，大银行具有较佳的风险分散效果；集中度较高的银行体系可增加利润；少数大银行的体系较容易监管。通过上述三种效果，金融合并可降低整体风险。另一类学者则认为，金融合并后集中度的上升可能增加整体金融体系风险。如 Kats（2002）研究指出，通过金融合并可以分散个别机构的风险，但在合并之后也增加了金融相关性，总合风险因而上升；且因金融活动集中度的增加，也可能增加整体风险。Leather（2005）研究认为，金融市场集中度越高，发生全面风险的概率也越高。

第二，竞争程度。经济学界定的竞争程度以市场势力为依据，即探讨厂商对市场价格是否具有影响力。竞争程度有别于集中度，其影响因素包括市场结构、可竞争性、产业内竞争与经济发展等（Classes and Laeven，2004）。

竞争程度与银行体系稳定性研究的分歧，主要有三种观点：特许价值范式，认为竞争程度与稳定性负相关，一个更为集中的市场结构提高利润率继而增加银行的特许价值，高特许价值又减少了银行承担过多风险的诱因，最终降低了脆弱性（Hellmann ，2000；Scheck ，2006）；风险转移范式，认为竞争程度与稳定性正相关，因为竞争程度低导致贷款利率上升，继而可能引发因道德风险引致的信用风险（Sigils and Weiss，1981），企业失败风险增加导致银行问题贷款增加，银行业不稳定性提高，而激烈的竞争迫使银行介入风险更高的业务以补偿被侵蚀的边际利润，继而导致银行组合风险加大、脆弱性提高甚至银行失败（如 Amiable，1998；Carlotta and Hartmann，2001；Canopy，2001；Boyd，2005；Loukoianova，2007）；竞争程度与稳定性之间呈“U”形形态，Ripoll（2007）考虑了企业个体失败可能性的不完全关联，认为在竞争程度低的环境下，当利率上升时，风险转移效应引致更多银行失败，与此同时，存在一个边际效应，即源自于那些未失败借款人支付更高利率而增加了银行收入，故随着竞争程度的增长，银行失败的可能性首先下降，然后在某一点之后上升。

（2）金融创新。金融创新与金融风险的关系目前仍存在分歧。

一部分学者认为，金融创新可以优化金融结构，提高金融效率，进一步增加金融体系的稳定程度。如 Merton（1995）的研究理论就是，只有金融创新的过程才能不断优化金融结构，提高金融体系内部运作效率。另一部分学者则认为金融创新可以诱发金融风险。Carter（1989）研究指出，日益壮大的全球衍生品市场对金融稳定的冲击也不容忽视。在金融交易中，衍生品的作用其实是一把双刃剑，利用得当就能促进市场的稳定，利用不当则会对市场产生巨大的冲击，衍生品市场不如证券市场稳定，金融衍生品的不断出现可能会在金融监管中发挥重要的作用。

（3）资产的价格波动。目前文献主要有两种分歧明显的观点：传统观点和“新环境假设”。传统观点认为，保持价格稳定有利于防范金融风险。Brood（2000）对美国、英国和加拿大这三个国家在 18 世纪和 20 世纪初所发生的系统性和非系统性金融危机进行了深入细致的研究，如果排除货币因素的影响，那么在连续的长时间的通货膨胀之后就可能会出现金融危机。与传统论观点大相径庭，“新环境假设”理论的支持者则认同以下观点，始于 20 世纪 90 年代末期的西方国家通货膨胀始终维持在一个较低的范围之内，这就形成了一个新的金融系统环境，由于通货膨胀长时期处于较低水平，因此人们始终保持着乐观的经济预期，资产价格泡沫大量产生，一定程度上削弱了金融体系的稳固性。出于稳定物价的考虑，货币政策的持续实施又进一步增加了金融体系的脆弱程度，潜在风险不断增大，这些都直接造成了金融体系的不稳定。目前，世界上不少国家都面临着较低的通货膨胀以及潜在的金融风险，鉴于此时企业还不具备完整的定价能力，并且低通货膨胀还可能进一步持续，通货膨胀并不单单以通货膨胀的现象表现出来，所以，即使是价格比较稳定的情况下，也仍然会存在大的金融风险。

我国学者段忠东、曾令华（2007）对资产价格波动与金融风险的关系进行了评述，认为资产价格的大幅度波动和信用的快速扩张相互作用，是导致金融风险的重要原因。目前关于资产价格波动与金融风险关系的理论研究主要集中在：研究资产价格波动和信用扩张相互作用，进而引发金融风险；研究资产价格波动与银行流动性相互作用，进而引发金融风险；强调信息不对称问题在资产价格波动影响金融经济中的作用；研究资产价格波动传递未来不平衡信息，进而引发金融风险。大部分实证研究都认为，资产价格出现较大波动的情况下，信用持续扩张可能会引发潜在的金融风险。从引发金融风险的条件来看，面对资产价格的波动，良好的金融经济环境、制度环境和政策环境对于维护金融体系稳定性具有重要作用。在研究价格波动与金融风险关系的文献中，房地产价格因次贷危机而备受瞩目。张晓晶、孙涛（2006）通过调查研究后发现，房地产项目给金融风险造成的影响是多方面的，例如长存短贷产生的期限错配风险、政府担保风险以及信贷风险的出现等。同时，他们还提出了具体的措施规避上述风险，如对地方政府在房地产方面加强监督、对进入房地产业的外资进行严格管理、不断完善银行体系的建设等。

3. 金融基础设施不完善

金融基础设施不完善主要包括清算支付体系、金融法律制度、会计准则、信用环境等不完善带来的风险。任何一个漏洞都可能直接影响大部分金融部门的运作，而且因为金融基础设施的载体是单个金融机构，所以基础设施脆弱性也可能受个体金融机构风险的影响。其中，支付体系是金融体系的核心基础设施，一旦支付结算链条中断，有可能形成整个体系的支付困难，从而引发系统性金融风险。

（1）法律制度。La Portal，Heifer 和 Vishnu（1998）认为，法律制度是投资者权利的主要来源，金融监管的主要关键在于实现对中小投资者权利的有效法律保护。由于转型经济条件下法律框架不健全，企业广泛涉及机会主义和非法行为（Nee，1992；Pang and Heath，1996），有时甚至得到当地政府的默许甚至授意。

（2）会计准则。会计准则中的公允价值计量原则在此次次贷危机中备受诟病和责难。Planting（2007）认为，在某些公允价值可以计量的情况下，不稳定的资产价值会掩盖客观存在的真实价格，并对银行进行出售或者持有贷款选择时出现的动机情况进行了深入分析。银行根据借款人的需求宣传自身产品的优势，银行经理人会因为会计利润受到丰厚的奖励。在通过历史成本计量、市场水平不断上升的情况下，虽然市场价格并不是十分理想，但是鉴于只有卖出这一方式才能获得利润，贷款在很大程度上仍然会被卖掉。尽管对股东来说，持有贷款对其是十分有利的，但是面对利益诱惑，经理人会选择通过卖出贷款的方式得到利润回报。公允价值会计的出现就避免了上述问题的发生。即使市价上涨，也不会卖出贷款以获得利润回报，通过标记资产为市场价值的方式可以带给经理人和股东同样的利益。然而，一旦出现失误，公允价值就会引发经济长期非流动贷款的卖出。在账簿和市场中，一项贷款的价值是其卖家愿意卖出的价格。但是当只有少数潜在买家的时候，价格会非常低，所以经理们会希望能卖一个更高的价格。因为所有拥有相同资产的银行都有同样的动机，所以都卖出导致价格下降。其实持有贷款至到期日对银行的股东们是最有利的。对于长期资产来说，卖出的吸引力更大。这样，公允价值自身会歪曲反映资产实际价值的真实价格。而对更低价格的预期会促进继续卖出使价格进一步降低。从市场价格中得来的信息变得有缺陷，结果是报告的净值与实际价值偏离得越来越大。

（3）信用披露。从目前的文献来看，就存在着“披露—稳定”观和“披露—脆弱”观两种分歧的观点。前者认为信息披露越充分，市场透明度越高，市场优胜劣汰规律得以发挥作用，监管部门可在弱势银行引发危机之前及早察觉（Tads，2005）。后者认为信息披露可能误导某些公众将具体的银行财务信息误判为整个银行体系普遍存在的问题，继而诱发银行挤兑或股市崩盘（Calamities and Mason，1997；Gilbert and Vaughan，1998；Kaufman，1994）。

（4）安全网。广义安全网包括金融监管当局的谨慎性监管、中央银行的最后贷款人制度和存款保险制度三种类型。狭义安全网一般只包括后两者。但金融安全网亦是有利有弊，其优点在于其具有风险防范、风险补偿和危机救助处理功能；缺点在于可能诱发道德风险、逆向选择，导致资源错配和成本负担（林平，1999）。例如，Nicer（2006）认为，弱化银行体系整体净资产的聚合可能造成低聚合资本化（low - aggregate capitalization），但低聚合资本化也可能是过度的安全网保护使单个银行保持足够资本缓冲的激励降低的结果，因而安全网的诱因作用可能在很大程度上增加系统崩溃的可能性。

4. 货币政策举措失当与金融监管制度设计

从已有的研究文献来看，货币政策与防范金融风险的相关政策是紧密联系的。William White（2008）以积极的非对称货币政策为例，指出货币政策的扩张就意味着当前的失衡在加强约束的过程中并未被解决，反而扩大了初始均衡（外贸均衡或者内部债务均衡），或造成资产价格上涨。

（1）货币稳定与金融风险。对于金融风险与货币稳定的关系的研究，主要有传统论和“新环境假设论”两种相左的观点。传统论以“Schwartz（1988）假设”为代表（Brood and Wedlock，1998），该假设认为，金融风险通常是由总体价格波动引起的，因此，维持价格稳定的货币政策也能够防范金融风险，价格稳定与金融风险是一致的，支持传统论观点的学者对于上述论断的态度是保守的，在他们看来，两者之间仅仅是简单的前者（货币稳定）有利于后者（金融稳定）的关系，而不是后者的充分条件（Brood and Wheelie，1998）。“新环境假设论”则认为以稳定为导向的货币政策策略容易造成较高利率的形成，它所产生的负面效应也会引发金融风险。Issuing（2003）据此指出，货币政策不应仅以价格稳定为目标，而且应当从根本上重视金融不平衡的问题。这个重视分为两个方面：其一，通过各种措施的实施尽可能减少或者避免金融不平衡的问题的发生；其二，作为第一种方法的补充，将已经产生的金融风险危害降至最低。

（2）金融监管制度设计。政府实施金融监管是为了社会公众利益而纠正金融市场的脆弱性、外部性和垄断性。Merton（1995）认为，金融体系的功能相对金融机构来说更具稳定性，为金融机构的管理与监督提供了一个功能视角。然而，监管制度设计的缺陷却有可能引发金融风险。例如，Berth（2004）以152个国家（地区）为样本，检验银行监管措施对银行发展、效率和脆弱性的影响，结果发现：政府加强监管的措施非但不能稳定银行体系，反而适得其反。Berth，Capri 和 Levine（2000）选取经济发展水平和政府质量作为控制变量，采用多种计量经济学方法，对发生银行危机的国家进行研究，实证结果表明：一个国家对商业银行从事证券或者涉足非银行商业活动进行限制的程度越深，那么该国越有可能拥有一个脆弱的金融体系（fragile financial system），并且容易发生金融危机（银行危机）。Herrera（2003）运用二元模型对时间跨度长达30年（1970—1999年）的79个国家（27个工业国家、32个新兴国家和20个转型国家）的1492份不均衡观察报告进行了实证分析，评估了货币政策设计制定在决定银行危机发生可能性方面的作用。

作为肩负金融稳定重责的部门，央行监管质量高是防范金融风险的题中之义。Shinas（2003）认为，存在几方面的原因使得央行在确保金融稳定工作中天生就适合发挥作用。第一，央行是支付手段和紧急流动性的唯一提供者。第二，央行确保了整个国家支付体系的正常运转。任何一个银行的问题都可能通过支付体系传播，可能导致整个支付体系的运转不畅，甚至可能在更大范围内产生多米诺效应。第三，银行处于货币政策影响经济的传导机制中的关键一环。一旦商业银行体系陷入困境，央行为达到其货币政策目标而采取任何必要措施将会更加困难。因而，中央银行从稳健的金融机构和稳定的金融市场能够获益。第四，货币稳定与金融风险之间有明确的联系，当金融风险发生的时候，信用也就破灭了，人们通常会抢着去获得流动性——流动性最强的是法定货币。若这种情况持续发展，就会最终导致经济活动的衰退。

那么，如何提高央行的监管质量呢？央行独立性和政策透明度是两个备受关注的话题。就央行独立性而言，Prescott（1977）开创性的关于规则和相机抉择的动态不一致研究，就指出应增强央行的独立性。事实上，一般认为，由于中央银行的独立性会促进价格稳定（Alexia and Summers，1993；Libel，1999），从而也应当有助于防范金融风险。政策透明度可分为目标透明度、工具透明度和认知透明度（Hahn，2002）。

（三）我国转型经济中的特定影响因素

于润和孙武军（2007）通过企业、银行、地方政府和中央政府四方目标函数的分析和构建博弈模型的论证，得到的结论是：以GDP等数量指标为导向的政绩考核制度和中央与地方之间存在严重的信息不对称，是近年来中央政府时常陷入“经济增长与宏观调控两难”窘境的主要原因。为此，必须尽快改革政绩考核制度，创建银行信贷监测系统，提高中央对地方经济相关信息的可获得性，有效地导向地方政府行为，在制度上提高金融稳定性和管理的科学性。黄少安、何坤（2007）则从产权角度出发，建立中央银行和金融机构的微观行为模型，通过分析和考察理论模型和现实情况，认为在我国当前金融政策的框架下，由于中央银行与微观金融机构事实上的产权关系，其货币稳定和金融稳定职能均受制于微观金融机构，独立性受到损害。为了保持中央银行的独立性，必须切断其与微观金融机构的产权关系。闫坤教授（2004）认为我国存在金融风险财政化的问题，其原因除了我国财政与国有银行的特殊历史渊源之外，还在于金融是现代经济的核心，金融稳定直接决定着我国整体经济运行的平稳，因此，如果一个国家遭遇金融危机，那么政府一定会进行救市，既符合社会的预期，也是政府的道义责任。

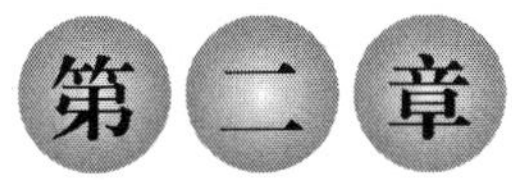

金融风险的基本理论分析：与财政的联结

一、金融风险的生成机理

当从简单的物与物之间的交换发展到通过货币作为媒介进行商品交换时，保证了商品交换不再受时间和空间的制约，在很大程度上促进了商品经济的发展，但与此同时也产生了一系列风险，使商品货币化的过程难以完成，为经济危机的产生埋下隐患。多种多样的金融工具不断涌现，不仅促进了商品交换的进行，还同时增加了自身交易量，经济泡沫也随之产生，形成潜在金融风险。

（一）金融风险生成的经济学分析

利用经济学相关理论对金融风险的形成进行分析，可以发现金融风险生成主要有以下几个方面：

1. 分工不断细化，交易呈现多样化的趋势

根据马克思基本原理，只有社会分工的出现才会导致交易活动的进行，社会分工促进商品生产和交易的进行。进入市场经济时期，社会分工更加细化，交易活动也随之更加多元化，尽管仍然是商品之间的交换，但是从深层次来说，这种交换更接近于产权交易。契约在不同的产权主体之间起到纽带的作用，交易主体之间都是相互独立的，他们因为自身“私利”的存在产生交易，如果有违

约现象出现，那么交易中的某一主体利益必定会受到损害，不能达到双赢的局面。这就说明以社会分工为前提和基础的经济活动本身就存在着不确定性，这其中必然会出现风险。金融活动的本质就是交易，鉴于在交易过程中难免会发生有一方不能履行契约的情形，因此，金融活动中的风险也是必然存在的。

2. 环境中存在多种不确定因素

金融活动中存在很多不确定因素，如社会因素、人文因素、自然因素以及技术因素等，主要表现在：(1) 资源缺乏。由于资源是有限的，因此我们必须尽可能地实现资源的最优配置，如果资源无法实现合理配置，那么金融风险就不可避免的产生；(2) 科学技术的进步和不可预测性决定了金融创新和金融风险的共存；(3) 金融和实物资产的运动轨迹迥异，因此在运行过程中两者势必会发生分离，但是这种分离是不确定的，金融泡沫也就随之出现。

3. 经济主体具有有限理性，机会主义倾向严重

西方经济学中认为，经济主体都是理性的，其目的在于获得最大利益，事实上，这种理性并不是绝对的，而是一种有限理性。由于人类能力有限并且外在环境错综变化，导致经济主体并不能完全认清经济事件的具体情况，即经济主体的理性都是有限理性，也就决定了经济主体的决策并不是“最优”的选择，只是相对“较优”的选择。有限理性是普遍存在的，因此任何决策过程中的信息都是不完整的，这就容易出现决策失误，导致风险的产生。金融交易活动也不例外，其交易主体的有限理性导致金融风险是普遍存在的，此外，信息不对称的存在，造成金融交易的逆向选择和道德风险，从而使得经济人存在机会主义倾向，诱发金融风险的产生。因此，金融风险的产生是由经济主体的有限理性决定的。

4. 现代货币采用纸币和信用货币的形式

在布雷顿森林体系下，纸币与黄金是紧密联系在一起的，黄金价值发生变化就会导致纸币的价值量发生相应的变化，同时还会影响到金融资产的价值波动。一旦布雷顿森林体系出现瓦解，纸币此

时仅仅就是一种价值的标志，纸币不再受到黄金的控制，纸币价值随之产生较大变化，汇率以及利率水平也会相应改变，潜在金融风险加大。

在现代银行体系下，金融工具大量出现，信用货币的发行过程中也会随时出现信用危机。以银行为代表的金融机构多选择部分准备金制这一形式，一旦出现经济危机，准备金不足就会形成支付危机。在这种情况下，作为观念上的货币，必须用现实的货币来结算，容易造成货币短缺，这种情况会加剧货币危机，形成恶性循环，诱发金融风险。

（二）金融风险生成的相关理论

在研究金融风险的过程中，多种金融风险生成理论的出现为深入分析金融风险提供了坚实的理论基础。

1. 金融资产价格波动性理论

一旦资产价格出现大幅度波动，就会出现金融风险，资产价格波动与不完全信息之间有着密切的联系，后者容易造成金融市场的不平衡，同时会出现资产价格波动的局面。此外，不同的金融资产，其价格差距比较大，这些价格之间也存在着相互联系，它们的汇率、股价、利率以及通货膨胀之间有联动效应。

（1）股价波动性与金融风险。美国博弈论学者克瑞普斯认为，在股票市场中，如果投资者的行为缺乏理性，那么股票市场就可能会瘫痪。如果股票市场预期乐观，那么股票行情就会持续上升，直至股票市场崩溃；反过来，如果股票市场预期较为悲观，投资者就会存在严重的恐慌心理，他们通过抛售大量持有的股票以减少资金损失，股票市场被严重摧毁。明斯基将股市中的上述现象命名为“乐队车”效应，股票价格预期乐观，大量的投资就进入价格“乐队车”，股票价格迅速上涨，当股票价格没有继续上升的空间的时候，股票市场预期改变，股票市场濒临崩溃。

（2）汇率波动与金融风险的关系。汇率波动分为固定汇率的波动以及浮动汇率的波动两种情况，货币价值变化时前者才会出现，这时汇率很难保持在一个固定的水平上，当市场汇率水平不能在正常幅度内上下浮动的时候，就会抛售货币。如果一个国家的汇率保持固定不变，那么政府会通过货币政策保持本国货币和汇率的正常合理水平，一旦经济发展不能与固定汇率水平保持一致时，其他国家便对当前的汇率水平持悲观态度，大量减持该国货币的储备量。在这个过程中，尽管政府能在一定程度上对汇率水平进行干预，然而与强大的市场预期相比，政府的力量明显要弱得多，固定汇率发生改变。

浮动汇率制是指一个国家的汇率波动浮动超过了正常范围。多恩布什认为资本市场和商品市场调整速度不一致可以解释上述现象。当政府降低利率或者增加货币供应时，市场的价格短时期内不至于快速做出上升反应，此时外汇市场能够立即感受到这种变化并及时做出反馈，这样货币汇率就出现大幅度下降的情况，长期均衡价格远远高于外汇短期价格。20 世纪 80 年代，经济学家将汇率波动划分为汇率波动和汇率错乱这两种。汇率波动持续时间较短，多是因相关政策以及市场变化而发生的汇率改变。汇率错乱持续时间相对较长，一般是由发达国家的经济政策出现失误引发的。

2. 金融风险具有“传染性”

金融风险“传染性”极强，它既可以在经济主体之间传播，又可以在国家之间传播，金融风险的这种内在属性能够不断扩大、传播风险，从而引发整体性金融风险的出现。

（1）“传染”的机制解释。通常情况下，金融风险通过两种途径进行传播，一种是接触传染，另一种是非接触传染。接触传染机制主要源自于金融活动主体之间复杂的资金借用关系，在金融体系中，如果某一经济主体受金融风险影响资金链出现断裂，那么与其有直接资金往来的其他经济主体的资金链也会受到影响，一个经济主体的金融问题被逐渐扩大，引发整个系统的金融动荡。非接触传染机制认为只有公众的信心才是金融发展的基石，才能维持金融机构的持续经营，反之，如果金融机构信任缺失，那么民众的恐慌心理就会大量蔓延，金融风险也会随之扩散。

（2）囚徒困境与银行挤提行为。当人们对银行失去信心时，挤提行为将不可避免地发生，通常说来，银行信息对广大民众是不透明的，他们并不知道银行的具体情况，如果银行出现挤提，那么一个理性的经济人通常都会加入挤提大潮中去。从博弈的角度对挤提行为进行分析，当公众对银行失去信息时，如果自己不取款，而别的经济人选择取款，就意味着自己的存款化为乌有，因此，选择取款是明智的最优选择；如果自己选择取款，而别的经济人选择不取款，那么自己存款也就如实被自己获得，对自身同样是有利的，因此，选择取款也是明智的最优选择。这样，从经济人自身出发的理性选择就演变成整个经济市场的非理性行为。David 和 Diamond（1983）针对银行挤提专门进行了模型设计，其设计思路是银行是一个可以将固定的资产转化成流动性资产的中间机构，只有在这种情况下，银行才最有可能产生挤提。另外，克鲁德曼提出了一个博弈模型，在囚徒困境中纳什均衡是唯一的，但其作用可能是无效的。与囚徒困境相比，该博弈模型优点在于其中存在一个有效的纳什均衡。

二、金融风险与财政风险的联动机制分析

国家在进行宏观调控时，财政手段和金融手段两者有很强的相关性，但是财政资金和金融资金的使用也会互相影响，金融资金的运用通常会对财政资金的收支产生影响，而财政资金的运用通常也会影响银行信贷资金的平衡。金融机构（如证券、信托等）通常会受到国家财政政策和货币政策的影响。例如，2009 年后 A 股股票市场的触底反弹，很多人认为与央行进一步放松银根有关。而为应对此次“次贷危机”，2008 年 4 万亿元的政府投资，主要来自于发行国债收入和政策性银行贷款，所以如果没有金融体系的融资功

能，财政政策就会丧失自己的作用工具，而没有财政政策的保护，金融危机也势必会演化成全面的经济危机。

（一）金融风险与财政风险联动机制分析的逻辑起点：财政和金融的关系

在我国市场经济发展中，财政和金融的作用是不可替代的，两者作为调控宏观经济发展的两大经济主体，在诸多方面需要协调配合，但是由于两者职能和分工不同，在实际情况下难免会存在冲突。

1. 财政和金融联系紧密

财政和金融之间存在着紧密的联系，主要体现在以下几个方面：一是财政与金融是国家调节经济发展的两大主体，为实现经济发展、物价稳定和充分就业的宏观调控目标，财政政策与货币政策需要协调配合，两者的最终目标一致。从经济发展的实际情况出发，我们合理选择财政与货币政策不同的组合方式，有时坚持两种宽松的政策的搭配，有时坚持两种紧缩的政策的搭配，更多的时候则是两种政策一松一紧，尽管组合形式不同，但是最终目的都是为了实现不同的发展目标。财政和金融手段并不单纯依靠各自的运行情况对经济进行调控，更多情况下，只有两者紧密结合起来共同发挥作用才能实现对经济的调控。二是两者的载体都是资金，在发挥调控经济作用的过程中，两者是统筹规划而又相互交织的。在共同作用的过程中，财政和金融通过运用不同的手段，集中和分配使用资金，形成财政资金和银行资金的运行机制，两者共同通过货币资金实现宏观经济调控。这种资金运作机制，将财政部门和金融部门的资金结合起来。举例来说，银行直接管理财政部门的收入和支出等资金动向，财政资金是银行资金的极为重要的组成部分。同理，银行系统的收入也会纳入财政收入中去。一旦一方资金发生变化，另一方的资金就会受到严重的干扰。比如财政支出如果无法保证及时足额拨付国有企业资本金，那么银行就无法足额收回贷款。三是财政和金融共同参与国民收入的分配，它们共同完成收入再分配的调节过程，以维持货币在稳定水平。

2. 无处不在的矛盾和冲突

当然由于职能各异，财政和金融之间必然会出现或大或小的矛盾，表现为：第一，宏观调控内容的差异。财政多数情况下用于经济结构的战略调整，而金融多数情况下用于经济总量的战略调控。财政收支借助国家的强制性力量对资金动向进行直接调控。财政政策的制定适应政府和经济发展的要求，比如通过增加税收和财政补贴，可以进行产业结构调整，而货币政策通过调节货币供应量，实现资金的供求平衡。第二，在宏观调控的侧重点上，金融侧重于提高宏观经济的运行效率，财政倾向于改善宏观经济的分配格局。财政通过税收手段，对收入部分无偿征集和使用，调节人们的经济利益。比如财政对不同收入阶层制定差别税率，对贫困地区进行转移支付等。金融在进行宏观调控时，注意结合市场的供求状况，追求资金的使用效率。资金使用效率的提高，也会使经济的运行更加有效率。第三，财政和金融具有相异的资金性质。从资金特征上来说，财政资金具有强制征集、无偿使用的特点，金融资金具有资金有偿征集和使用、非强制性等特点。第四，财政和金融的作用范围各有侧重。财政的作用范围是公共领域，如果市场不能发挥其有效作用，政府通过财政手段对市场失灵做有效补充。金融的作用范围多为私人领域，金融能够提供大量的有偿的资金，保持经济快速增长。

财政与金融的上述矛盾和冲突决定了两者需要进行合理的分工，财政资金和金融资金需要按照各自的方式进行运作，在进行资金配置的过程中，不能将两者混淆，不能滥用和错用两种资金配置方式。在理清财政和金融职能的基础上，也应当看到两者在调控经济过程中的紧密关系，因而两者之间必然会相互影响和渗透，在这种情况下，一旦出现金融风险或者财政风险，它们必然会干扰对方的正常运营，如果再遇到双方职能归属不明确的问题，就容易出现财政风险和金融风险的联动。因此，财政风险和金融风险是否会出现联动效应，与一国的经济体制有着十分密切的关系。

（二）我国金融风险与财政风险的联动机制

我国目前仍处于经济转轨时期，财政与金融的“越位”和“错位”，决定了财政风险与金融风险之间存在着联动机制。

1. 金融风险向财政风险的转化

目前，全球经济正在朝着金融化方向不断发展，金融产品的公共属性也越来越明显。由于我国正处于计划经济向市场经济的转型时期，金融系统替我国财政分担了不少转轨成本，所以，在此过程中，金融风险难免会转化成财政风险。

改革开放后的40年来，银行业有了快速的增长，但长期的财政功能金融化，导致金融机构累积了巨大的金融风险，主要表现在以下几个方面：第一，尽管国有银行对财政起到很好的支持和辅助作用，但是国有银行的不良资产水平一直居高不下。数据显示，截至20世纪末，我国国有银行不良资产就超过1.4万亿元，之后的短短五年时间里，不良资产又产生了1.7万亿元之多（国有银行不良资产比重为92%，股份制银行不良资产比重为8%），按照通常的不良贷款指标分析，其与国民生产总值的比重几乎达到20%的比例水平，这与《巴塞尔协议》有较大出入。如果根据协议中20%的指标对不良资产进行计算，那么资金缺口将高达2.5万亿元。第二，国有银行的盈利水平比较差。我国银行的资金收入呈现单一化的特性，贷款收益占银行全部收入的60%以上，银行净收益率远远低于发达国家的水平。第三，国有银行缺乏足够的资本，与《巴塞尔协议》中资本存有量超过8%的标准有较大出入。第四，“金融缺位”带来财政成本。自从四大银行完成股份制改制，国有银行不断向大城市集中，客观上造成广大农村地区的“金融缺位”。因此，给广大农村地区提供金融服务的责任落在了政府财政的身上。第五，金融业的内控机制不健全。作为金融业的主体，国有银行尚未建立起现代金融企业的内部治理结构，效率低下，成本很高。由于有政府的信誉作为后盾，很多风险尚未呈现出来，风险一旦暴露，就会使财政也卷入其中，造成突发性的财政支出。

由于金融问题具有公共性，因此，要通过一定的财政手段防范潜在的金融风险。应对金融问题的最合理最有效的方式就是财政的方法，鉴于外界环境的差异，金融风险转化为财政风险的方式也是多种多样的，具体说来包括以下几个方面：

（1）对国有银行的不良资产进行规范化管理。20 世纪末期，我国政府投入 400 亿元先后成立了四家资产管理公司，它们的运行目标就是通过收购的方式不断剥离国有银行的不良资产，在成立一年时间以内，这四家公司就处理了我国四大国有银行高达 1.4 万亿元的不良资产。2004 年，中国银行和建设银行进行股改建设，它们当时分别持有 1 498 亿元以及 1 298 亿元的“可疑类贷款”，按照市场规律将这些贷款卖给资产管理公司。后来，工商银行相继进行股改建设，其“可疑类贷款”持有总量超过 4 590 亿元，也以同样的方式卖给资产管理公司。

（2）不断增加财政注资，维持充足的资本水平。20 世纪末期，我国政府专门推出高达 2 700 亿元的特别国债给四大国有银行注入资金。随后，中央汇金公司向中国银行以及中国建设银行注入总额高达 225 亿美元的资金，紧接着，中央汇金公司又向工商银行注入资金高达 150 亿美元。实际上，中央汇金公司属于典型国有独资企业，其背后出资人就是财政部。

（3）冲销呆账的方式。从 1997 年开始，我国财政连续两年冲销国有银行的呆账超过 700 亿元人民币。

（4）央行提供再贷款。为了更好地协助地方金融机构度过困境，并优化其构成，从 1997 年开始，央行就提供给地方政府超过 1 400 亿元的贷款。2004 年中国人民银行对农业发展银行再贷款 6 500 亿元，对农业银行再贷款余额 1 900 多亿元。很明显，国家财政直接提供资金支持以满足央行提供的再贷款服务。

（5）国家财政对金融机构的债务补贴，分为明补和暗补两种方式。如果政府直接关闭了国家金融机构的外债，那么这些外债就由国家财政承担，也就是明补；处理金融机构的过程中，如果国家免除接手国有银行一段时期内的再贷款利息（这部分利息本应该是交给央行的），就是暗补。

（6）营业税的减免。出于降低金融机构税收支出的考虑，我国从 21 世纪一开始就对营业税不断调整，在三年的时间里，营业税从 8% 调整到 5% 。这个过程也缩短了国有银行应收未收利息的计征周期，国有银行的营业税税基随之产生大幅度降低。

（7）债权到股权转化。针对有问题的债权的处理，国家出面将其变成股权，这样不仅减轻了债务人的债务，而且还让债务人不至于破产，能够继续维持经营变负债为盈利。

2. 财政风险向金融风险的转化

财政风险向金融风险的转化，主要表现为财政收入风险的金融化和财政支出风险的金融化。

（1）财政收入风险的金融化。财政收入风险又分为两种，它们是财政赤字融资风险以及税收政策风险。前者一般是因为央行迫于填补国家赤字的压力不得不持续加大货币发行量，通货膨胀现象严重，导致金融风险出现。这种风险的实现路径包括：第一，对货币进行融资。由于国家支出的需要必须向央行借款，此时央行只有不断加大货币发行量才能满足上述需要，弥补国家财政赤字，财政赤字以不断增持的货币的形式表现出来。第二，债务融资。当政府财政赤字过大时就会通过发行公债的方式来缓解财政上的压力，统称债务融资。发行面对的对象主要是一些银行、企业和私人。而向中央银行的发行会导致市场中的货币量的增多，导致通货膨胀压力。由此可见，无论是财政赤字还是债务过度，都可能诱发金融风险。税收政策的改变对金融企业的影响主要在企业的营业收入方面，营业收入的剧烈变化容易造成金融体系的不稳定，从而产生金融风险，主要有以下几种途径：一是政府财政部门对金融企业征收过高的营业税、所得税、增值税等，从而使企业的利润变为财政的收入，影响到金融企业的健康发展；二是对金融企业呆账坏账的计提，会造成金融企业的表面利润的增加，而实际的经营情况可能没有表面的光鲜，从而影响到金融企业的稳定有序的发展；三是对金融企业实行不稳定的呆账坏账准备金制度，对不同的呆账坏账提取比例和贷款损失进行确认，使金融企业财务失去其真实性，引发金融危机。

（2）财政支出风险的金融化。财政上的支出风险主要表现在：一是公共建设的支出；二是社会保障性的支出。公共建设投资支出风险是指财政资金被大量用于基础性的建设投入和公共事业类的投资，从而加大了财政支出的风险，引发金融动荡。财政保障性支出风险是指由于预算问题、刚性支出的增长，导致财政支出没有足够的保障，造成政府机构运转失常，被迫向金融机构举债，引发金融风险。比较常见的是信贷资金的财政化和金融活动的财政化，即在财政支出压力过大的情况下，会将其承担的支出压力转移给金融机构。例如国企改革中的“拨改贷”，国企股份制改革上市向证券市场吸纳资金等现象。特别是政府以财政的变相担保，极易引发金融部门的道德危机，从而导致不良资产激增，引发金融动荡。

由于具体情况的不同，财政风险转化为金融风险的途径也不同，归纳起来主要有以下几种：（1）政府担保。尤其是一些隐性的担保，是一种不易察觉的由财政风险变化为金融风险的方式。发生此类风险的根本原因是个别政府为了逃避财政预算的束缚而犯了机会主义错误。因为政府担保在当时没有增加其财政预算，从理论上来说，可以无穷无尽地进行下去，并且其还有很多形式的实施办法。如此下去导致金融机构累积了巨大的隐形负债和或有负债，金融业为政府财政机会主义行为提供很大的活动空间。（2）政府债务融资。假如管理债务的机制不科学，支付大量债务利息的后果只有一个，即增加财政赤字，从而在“债务—赤字—债务”中不断循环，使政府遭遇债务危机。假如出现了债务危机，政府唯一的选择是实施货币化。(3) 政府财力或缺的政策性转嫁。我国正处于经济转型期，金融体制包括政策性金融和商业性金融，可以有一定范围的合理的政策性风险转嫁。(4) 中国人民银行是最终的付账部门。财政风险逐渐转向金融风险时，其实质是央行在为其买单。在货币市场中，国家的信用保证了央行的信用。一旦金融信用可能打破国家经济的合理秩序时，央行就会采取行动保证偿还实力和流通能力。从上述分析可以看出，风险的转化最后都归结到央行。

3. 金融风险和财政风险相互转化的原因分析

我国目前仍处于经济转型期，我国特色社会主义的现实情况导致财政和金融之间的风险有很大的联系，两者之间的关系千丝万缕。

一是转型的成本导致财政风险和金融风险之间有很大的联系。转型成本体现在一方面要解决旧有体制的遗留问题，另一方面要为新体制建立“埋单”。我国改革开放只有40年的时间，随着全国经济的快速发展和进步，直接后果是体现了转型经济的特点，在分配资金时也很明显地体现此特点。财政收入大部分用在公共基本要求，建造公共设施；金融资金的用途则关注别的效率性产业。然而在实际环境中，金融机构担负部分财政功效是十分普遍的，合理的做法只能是慢慢削弱其功效（例如多种扶贫和助学贷款）。政策性贷款有三个明显的特点：接济性、赔偿性和长期使用性，会自然而然地变成呆账死账。再以社会保障金为例，此项资金应该划归财政支出，然而在募集失业保险金时，政府并不反对通过银行贷款的方法获得资金。反过来看，无论是西方的一些发达国家和地区还是相对落后的国家，如果国家的金融面临风险，无论由何因素引起，所带来的各种损失最终都由财政弥补。例如，我国的财政部门在1998年抛售2 700亿元的特殊国债帮助银行募集资金；2004年向中国银行和建设银行注资450亿美元；“次贷危机”发生后，为了稳定国内经济，我国政府在2008年年末进行了将近1.2万亿元的国家投资。上述这些说明的是转型所要付出的客观代价，也导致了财政和金融两类风险彼此转化的联系。

二是政府工作的不确定性导致金融与财政之间的风险具有极大的关联性。政府的工作范围具有极大的随意性，必须对此进行明确的规范，然而这样的规范在我国是需要相当一段时间完成的。目前政府职能的规范性已经达到了现阶段市场经济发展的要求，甚至实现了超越。开放的经济发展不能仅仅依靠市场或者政府，而是要两者之间的结合，任何一方在经济发展中都不能起到主导作用。我国在实行经济转型的过程中，政府以及市场对于经济的影响区分不明显，政府在经济发展中起主导作用，涉及较深，且政府的工作不明确，严重拖累经济的高速发展，增加金融与财政的风险。在资源分配方面，政府的过度干涉严重干扰市场对经济发展的正常影响，使资源分配不合理。例如政府强行支持部分金融机构对某些项目进行贷款，使金融机构不能按照正常的程序进行贷款审查。政府工作的不明确一方面使政府负担加大，另一方面使经济发展中的金融以及财政风险提高。

三是我国经济发展中国有经济的主导性导致金融与财政之间具有极大的关联性。我国的国有资金很大程度上是由国有银行提供的，国家所有企业的发展状况取决于财政状况。所以，政府与企业、政府与银行以及企业与银行之间的关系难以划清，三者之间形成理不清的杂乱关系，这就直接使得金融与财政之间保持一定的联系，导致两者之间的风险加大。

（三）金融风险与财政风险联动机制的博弈模型

财政以及金融之间具有一定的差别，前者以服务社会为主，在社会中具有强制性权力，而后者以盈利为主，考虑自身的生存，在社会中不具有强制权力。社会中两种主要的资金构成就是财政与金融，在社会运行时必然会产生联系。财政与金融的联系直接伴随着两种风险之间的联系。金融风险主要通过如下方式转化成财政风险：企业大量破产、空壳公司导致贷款非法化、财政对金融的投资较大等，财政风险主要通过如下几种方式转化成金融风险：政府进行强制性金融贷款、国有银行融资困难等。

目前的银行贷款主要考虑的是运营成本以及业务收益，在正常的金融体系之下，能够影响银行运转的基本上是不良的贷款，而导致这种贷款出现的根本所在就是贷款方。经济的发展程度、社会环境、政府的相应政策等都能够影响这种贷款的出现以及堆积，但这些作用都只是表面的原因，并不涉及根本。这一章节主要是用来对贷款方以及担保方进行研究，探讨出贷款模型，以便于从根本上降低财政以及金融风险。

1. 银行与企业之间的博弈

企业与银行在金融上的博弈主要是企业引起的，企业不按时归还贷款直接导致银行出现不良贷款并形成了恶劣的影响。对此可以将双方的成本用函数公式表达出来，考虑影响因素，实现双方成本的最小化，以下是具体函数：

$$C_H = C_H(Q,\omega,r)$$

$$C_A = C_A(Q,\omega)$$

其中，C_H 是企业的贷款成本；C_A 是银行的放贷成本；ω 是企业的贷款时限；Q 是贷款资金数量；r 是具体的贷款利率。对于函数的进一步分析需要引进偏导函数的知识。

相对于企业来说，贷款的数量与还款数量呈正相关关系，前者的增加直接导致后者的增加，此时$\frac{\partial C_H}{\partial Q}>0$；贷款时间与成本负相关，前者增加导致后者降低，此时$\frac{\partial C_H}{\partial \omega}<0$；利率与成本负相关，$\frac{\partial C_H}{\partial r}>0$。相对于银行而言，贷款数量与成本正相关，此时$\frac{\partial C_A}{\partial Q}$；贷款时间与成本正相关，此时$\frac{\partial C_A}{\partial \omega}>0$，自然利率与成本负相关。

两者的利润函数分别如下：$\pi_H = p\omega Q - C_H$，$\pi_A = r\omega Q - C_A$。

其中，p 为企业使用贷款获得利润占贷款总额的比例。为使银行以及企业两者之间实现共赢，它们的利润函数要达到以下要求：

由 $\frac{\partial \pi_H}{\partial Q}=0$ 可得 $p\omega=\frac{\partial C_H}{\partial Q}$，$pQ=\frac{\partial C_H}{\partial \omega}$……(1)

$r\omega=\frac{\partial C_A}{\partial Q}$，$rQ=\frac{\partial C_A}{\partial \omega}$……(2)

(1) 式除以 (2) 式，可以明显看出，要想使两者同时达到最大利润，必须保证 $\frac{p}{r}=\frac{\partial C_H}{\partial C_A}$，通常情况下 r 是小于 p 的，所以银行在贷款业务中的成本要高于企业在贷款中的成本。企业与银行的博弈在于利率、贷款时间以及数额之上，这三者的重点就在于贷款时间。贷款时间虽然在贷款时就已经加以规定，但是在实行过程中企业总是在约束不足的情况之下进行拖延，而银行没有强制性的权力进行控制，只能承担损失，这种行为对企业来说只有利益而无伤害，所以一直被采用。

简化以上的情况，假设银行以及企业贷款人各为一个，这两者进行贷款时间的博弈。两者对此都有两个选择。对于银行来说，一是不采取行动，等企业自觉还款，这种行为发生的几率比较低；二是采取行动，使用一切可以使用的手段迫使企业进行还款，前提是这些行为是合法的。对于企业而言，一是还款，这是合乎常理的；二是继续拖款。两者之间的博弈在表 2－1 中已经清晰地表示出来，这种博弈属于静态博弈。

表 2－1　　企业与银行的静态博弈

		借款企业	
		还款	不还
银行	催款	$(\pi_A - C, \pi_H + V)$	$(-C, p\omega Q - V)$
	不催	$(\pi_A, \pi_H + 2V)$	$(0, p\omega Q)$

其中，C 是银行在采取行动中所花费的资金，V 是银行在进行回收贷款金额过程中所建立的公众形象影响力，$2V$ 是银行在不进行回收贷款金额过程中所损失的公众形象影响力。

通过博弈论的专业知识分析以上表格可以明显看出：企业的行为对于银行的选择没有影响，也就是无论企业还不还款，银行达到最大利润的选择都是不采取行动。企业选择还不还款时则要进一步分析自身得失，将企业贷款成本 C_H 与企业还款所获成的影响力 $2V$ 进行比较。当 $C_H > 2V$ 时，企业的最佳选择就是不还款，毕竟不还款带来的利润大于影响力的利润，如若这时银行选择的是不采取行动，那么就达到了一个纳什均衡。当 $C_H < 2V$ 时，企业的最佳选择就是进行还款，这时如若银行不采取行动，那就形成第二个纳什均衡。

在企业与银行关于还款时间的讨论中可以看出，博弈的关键就是企业贷款的成本以及还款后获得的影响力的利害关系。就当前而言，企业不还款所获得的利润相比企业还款影响，前者更大一些，毕竟企业的最终目的还是降低成本获取利润，然而这直接导致银行的不良贷款严重，部分企业甚至想方设法逃过银行的催款。对此的解决方案就是提高企业社会公众影响力对于企业发展的重要性，使其功能能够与企业贷款成本相较。

2. 企业相互之间的博弈

为了较为深入地探讨银行贷款拖欠问题，需要对银行的贷款企业进行研究，这就有必要建立一个企业间的博弈模型。企业的贷款是否要及时归还给银行，这对于企业来说也是需要进行抉择的，企业的选择将间接地影响国家经济的发展。

针对贷款企业，假设分别有两家，两者的最终目标都是贷款成本的最小化以及经营利润的最大化。两家企业在市场经济之中会挑选最佳方案以降低成本、获取利润，他们的抉择是相互独立的。目前的研究条件之下，企业的选择只有按时还款以及拖欠两种。表 2－2 就是较为明确的博弈矩阵：

表 2－2　　　　　　贷款企业之间的博弈矩阵

		借款企业乙	
		还款	拖欠
借款企业甲	还款	A（7，7）	B（－15，9）
	拖欠	C（9，－15）	D（－12，－12）

以上的企业之间的博弈矩阵属于博弈论中较为知名的“囚徒困境”博弈。从表格中可以很明显看出为达到企业利润最大化的目的，A组合是最佳组合，两家企业的收益加在一起时达到最大，但根据实际情况，两家企业将会相互进行拖款不还。相对于甲企业来说，无论企业进行怎样的选择，它都会选择拖款，因为无论乙按时还款还是拖款，甲进行拖款都能够降低损失；相对于乙企业来说，情况同样如此。所以在没有外在较大的经济影响因素时，B、C两种组合是基本不会被选中的，而D组合较为稳定，选择的可能性最大，但是这样的组合对于银行来说是相当不利的，这会加剧银行的资金运转压力，增大金融风险的可能性。

3. 在原有模型基础之上将政府因素考虑进来

企业与银行之间的博弈模型主要的焦点还是集中在还不还款的问题之上，这种博弈所引起的风险主要是金融风险，并且风险主要表现在金融市场之中，并没有充分考虑财政风险。现在原有模型基础之上将政府这一因素考虑进来，尤其是政府干预金融贷款的行为，这样博弈的对象就由原来的双方转化成了多方。现在针对银行、政府、企业三方进行研究，其在进行选择时是独立的。

现针对政府以及银行之间的博弈进行探讨，银行追求利润的最大化以及金融风险的最小化，政府追求的是经济的飞跃发展。在博弈中政府有两个选择，一是政府干预金融，对贷款企业进行担保，使用财政收入偿还那些拖款的账目，保障银行的正常运转，二是不干预金融，让银行自身独立处理贷款归还问题，保持中立的态度，在宏观上进行调控。银行同样也是两种选择：一是继续进行贷款发放；二是不进行贷款的发放。根据企业的实际情况，还要进行以下几种讨论：

（1）企业的运转不存在问题，政府进行干预时不会引起财政方面的压力，各方面运转良好的前提之下有表2-3：

表2-3　　企业正常还款时政府博弈收益矩阵

		银行	
		同意放贷	拒绝放贷
政府	担保	A（4，4）	B（2，-2）
	不担保	C（3，3）	D（-1，0）

从以上的博弈表格中可以明显看出：政府在进行担保的情况之下，银行会在4和2之间选择4，也就是对企业实行贷款，当政府不进行担保的情况之下，银行会在3和-1之间选择3，同样是对企业进行贷款。银行在对企业进行贷款的情况之下，政府会在4和3之间选择4，也就是进行担保，银行在不对企业进行担保的情况之下，政府会在2和-1之间选择2，同样是进行担保。所以银行进行贷款的发放以及政府进行担保是可能性最大的组合，这一组合是三方利益最大化并且还不存在风险。

（2）企业运转存在一定的问题，其所造成的金融风险很容易带动财政风险的前提条件之下，政府与银行之间的博弈如表2-4：

表2-4　　企业不能够按时完成还款时的博弈

		银行	
		同意放贷	拒绝放贷
政府	担保	A（-6，-2）	B（-8，0）
	不担保	C（-3，-7）	D（-2，0）

从以上的博弈表格中可以明显看出：在政府进行担保的情况下，银行会在-2和0之间选择0，也就是不进行贷款的发放；在

政府不进行担保的情况之下，银行会在 -7 和 0 之间选择 0，同样是不进行贷款的发放。在银行进行贷款发放的情况之下，政府会在 -6 和 -3 之间选择 -3，也就是不进行担保；在银行不进行贷款发放的情况之下，政府会在 -8 和 -2 之间选择 -2，也就是不进行担保。很明显 D 组合是最优化的选择，此时银行以及政府都能够避免风险。但是这样的组合不一定会出现，因为企业在进行贷款的过程中，会出现违法的作假情况，此时政府以及银行不能及时看清形势而导致这种模型的不稳定。

（3）控制银行这一因素不变，将政府以及企业作为变量进行博弈研究，具体如表 2-5：

表 2-5　　银行同意放款时政府、企业博弈收益矩阵

		企业	
		及时还款	拖欠
政府	担保	A（4，2）	B（-4，5）
	不担保	C（5，3）	D（-1，4）

在以上的博弈表格中，可以明显看出：当政府进行担保时，企业会在 2 和 5 之间选择 5，也就是拖款不还；当政府不进行担保时，企业会在 3 和 4 之间选择 4，同样是拖款不还。当企业按时进行还款时，政府会在 4 和 5 之间选择 5，也就是不进行担保；当企业拖款不还时，政府会在 -4 和 -1 之间选择 -1，也就是不进行担保。此时的最佳方案就是 D 组合。

在以上讨论的博弈模型之中，当企业能够运转正常，且不存在退款的前提条件之下，银行以及政府才能够实现自身目的的最大化，而其他的情况均不能达到满意的效果，有可能会导致整体经济的倒退，也有可能会增加金融与财政之间的联系性，使金融与财政风险相互促进，引发更大的风险。现实情况中，银行与企业的行为是落后于政府的。

经过研究可以得到以下结论：目前我国银行贷款的发放并不是

主要考虑风险问题，而是将短期的经营收入放在首要位置。所以，为了降低银行的不良贷款，要从银行贷款所获得利润出发，从各方面加以改善。

三、宏观金融风险与财政责任

（一）金融风险的两大类型

金融风险的划分标准比较多，因此也就存在较多的金融风险类型，比较集中的划分主要是依据金融风险的构成层次，由此可分为两大类：

1. 宏观金融风险

宏观金融风险主要指的是整体局面的风险，比较具有系统性。具体指的是整个金融业中的活动对于国家经济发展的影响。比如人民币汇率大幅度变化、国内资金大量出境、国家财政赤字严重等都属于宏观金融风险。宏观金融风险还可以划分为以下三种：第一，国家风险，这种风险的存在是由于国家之间进行贷款活动时，部分国家和企业相同，存在拖款的现象，主要原因在于部分国家的国内政治动荡不安，经济发展缓慢，比如伊拉克这样的国家，所以这种国家存在较大的风险。第二，制度风险，当国家中的金融体系不够健全，法制法规以及与金融相关的政策存在漏洞时所发生的金融风险就是制度风险。第三，外在风险，当一个国家在贷款之后因国内经济崩溃而不能偿还贷款时，外在风险就应运而生了。

2. 微观金融风险

微观金融风险相比宏观来说较具体，主要指的是金融活动中的主体所承担的风险。具体表现是经营企业管理存在漏洞、企业的社会信用不高以及企业的资金周转不灵等。微观金融风险具体有以下几种：

（1）信用风险，贷款人员不能够按时归还贷款，发放单位经营利润因此而大打折扣的风险。这种风险主要存在于银行，具体表现就是企业借款不还。借款不还主要有两方面原因，主观原因是借款人为了个人的私利拖延时间以使自身能够获得更多的利益，客观上是借款人的经营出现严重问题造成损失严重，资金周转不畅。

（2）汇率风险，主要是由于投资而引起的一种风险，主要原因在于汇率波动的不确定性。外币买卖以及交易结算等都属于汇率风险，这种风险的最终根源就是外汇市场。

（3）利率风险，主要指的是企业在运营过程中的价值与经营收入不等价的风险。当利率上升时，社会的资金会向金融机构回收，此时的企业经营成本将上本，经营收入将降低，经营价值可能高于经营成本，这时企业将面临种种困境。当利率下降时，企业的经营成本降低，这时的金融机构的资金往外流动，企业的负债率等都有所降低，其经营成本将低于经营时的创造价值。

（4）流动性风险，主要指的是金融机构在对外进行贷款过程中出现供不应求的风险，直接导致支付危机。金融机构的贷款具有极大的流动性，其贷款量会随着经济的发展或者某些重大事件的发生而改变。之所以出现这样的风险，主要原因是金融机构不能够对贷款以及还款进行长远的规划，还款未收回，贷款待发出，这就出现流动性危机。在贷款以及催款不能同时做好以及准备不充足的情况之下，资金出现错乱。除此之外，金融机构内部分工不明确，体制管理不完善等都能够导致流动性风险。

（5）金融机构经营风险，金融机构在自身运营过程中出现的管理决策问题。金融机构与一般的企业在经营上是一样的，其内部经营中的财务危机、不合理的决策、违法的操作等都能够引起风险。

具体就是以上这五种风险，其他还包含有金融国际化风险、购买力风险等，只是这些风险存在几率较小。宏观金融风险一般都是由多种微观金融风险构成的，并且宏观金融风险还可以反向促进微观金融风险。本章的重点是宏观金融风险。

（二） 政府承担宏观金融风险的财政责任

在现代经济中，市场在配置资源的过程中存在固有的缺陷。而金融业作为一个特殊的行业，具有明显的脆弱性特征。在发展中国家，金融发展过程中存在金融监管体制不健全、金融基础设施不完善、金融体系不健全等问题，加之金融自由化的冲击，比较容易产生宏观金融风险，这就需要作为公共主体的政府来加以解决。因此，在宏观金融风险面前，政府需要承担一定的财政责任。

1. 基于政府公共主体身份的财政所承担的事前责任

由于金融业自身的脆弱性以及外部性、信息不对称等因素的存在，金融体系在运行过程中存在许多需要政府干预的方面。从经济学理论上看，外部性问题可以通过国有化、无限责任和存款保险制度来解决。但在实践中，为解决外部性问题常采取的措施是国有化和存款保险制度。在发展中国家，由于基础设施不完善，金融体系不健全，政府还承担着促进金融体系的发展、加强金融基础设施建设的任务。而且与发达国家相比，发展中国家的不发达金融体系存在更严重的脆弱性和信息不对称问题，政府需要对市场的不完善进行干预。因此，政府通过建立适当的制度安排，使其在宏观金融风险演变为金融危机之前发挥作用，这也是防范宏观金融风险的有效途径。总体上看，财政在金融危机爆发前对防范金融风险的职责主要体现在以下几个方面：

（1）财政承担政府为国有金融机构提供隐性担保的成本。在尚未建立存款保险制度的条件下，国家通常对国有银行提供隐性担保，政府负有保护存款人利益的职责，以保持经济的稳定。在这种情况下，财政的重要职责是承担政府隐性担保的成本。政府对国有银行进行隐性担保，这对金融体系的运转起到十分重要的作用，但很容易引起严重的道德风险，不仅会增加财政的或有负债，而且会加剧金融风险。政府对金融机构的担保使得金融机构有强烈动机过度放款给投资房地产、股票等高风险的企业，导致产生巨大的资产泡沫。在泡沫被挤出的过程中，资产价格不断下降，产生的大量坏账使得政府担保难以维持，从而诱发金融危机。

（2）财政为存款保险提供隐性担保。在金融体系的运转过程中，金融机构的倒闭不可避免。而存款保险制度的建立，使得政府对金融体系的隐性担保显性化，切断了在隐性担保条件下财政资金与问题金融机构的联系。这种机制可以减轻银行倒闭对金融市场造成的冲击，发挥市场机制优胜劣汰的作用。但是存款保险制度也可能产生道德风险，一方面降低存款人的自我保护激励，另一方面容易诱使银行开展高风险的经营活动，由此产生的成本需要政府来支持。因此，根据银行的资产和风险状况确定差别费率，这也是防范道德风险、保证存款保险制度有效运作的基本条件。

（3）财政支持中央银行作为“最后贷款人”的职能。作为金融安全的重要组成部分，最后贷款人职能是一国货币监管当局为化解金融风险，向出现流动性困难的银行提供紧急援助的一种制度安排，这对于缓解金融机构的支付危机、消除债权人的恐慌心理及稳定金融具有重要作用。但是如果央行贷款人制度不完善，就容易导致央行资金沉淀，甚至出现道德风险。一旦央行的资金发生损失，就相当于用公共资金支持金融机构的流动性。若政府首先考虑的是社会稳定，则很可能直接支付流动性困难的金融机构，产生严重的道德风险。因此，财政在支持央行发挥“最后贷款人”职责的同时，需要推动最后贷款人制度的完善。

2. 基于政府公共主体身份的财政所承担的事后责任

（1）危机救助中的政府财政责任。从理论上讲，政府对于金融危机救助的一个重要原因是金融的外部性。以银行为例，当问题银行出现挤提现象时，人们容易产生金融恐慌，从而导致健康银行也发生挤提出现经济损失，危机整个金融体系，但是健康银行却不能通过市场机制从问题银行挽回经济损失。金融领域的负外部性使得银行的私人成本低于社会成本，从而造成金融市场资源配置的低效率。从货币危机来看，货币贬值会使本国货币的持有者利益受损，从而产生严重的资本外逃，造成国内储蓄减少，进而危及经济增长。国际经验表明，银行的倒闭反过来会对政府产生政治压力，迫使政府提供紧急援助。因此，政府经常被迫超出其职责范围对金融体系进行干预，以此来维持人们对金融体系的信心，保障金融体系的正常运行。

根据实施主体的不同，问题金融机构救助主要有以下几种形式：①金融同业互助，即由民间金融机构对陷入流动性危机的同行提供援助，或对陷入危机的金融机构进行并购以减少破产带来的金融动荡；②以金融监管当局为核心的危机救助，对陷入危机的金融机构提供紧急流动性支持，接管无法挽救的问题金融机构，促进金融机构的并购；③政府直接出面救助，当出现其他组织难以救助的重大金融机构危机时，往往需要政府出面紧急“输血”。例如本次全球性金融危机，各国政府纷纷投入大量资金救市，美国在次贷危机后，政府投入高达 7 000 亿美元的资金用于问题金融机构资产拯救计划；④建立专门机构进行救助。具体方式包括接收、托管、拍卖陷入危机的金融机构，帮助清偿其债务。虽然建立专门的救助机构可以提高处理效率，减少成本和损失，但这些机构大多是根据实际情况而临时成立的，具有很强的过渡性质。

上述方式中，政府直接出面救助有问题的银行是一种较为有效的救助方式，但这种方式适用于大面积金融机构出现支付危机，引起局部或全局性金融危机的情况，通过政府的直接救助，有助于化解金融风险，恢复债权人对金融机构的信心。因此，在出现严重的金融危机时，大多是由政府财政来“兜底”。此外，若中央银行没有能力承担稳定币值的责任，那么也需要财政部门来承担这一责任。

（2）政府救助危机的方式与财政成本。政府救助金融危机的成本一般与政府所采取的救助方式有关，其中政府对银行的救助是最主要的内容。从内容上看，政府对金融危机的干预通常包括如下内容：流动性支持、存款保险和一揽子担保、问题银行的处理。一般地，流动性支持在金融危机爆发前就存在，可以由金融同业进行，且政府支持通常由一国央行来实施，采取的措施大体上有放松金融管制或是发挥最后贷款人的作用等。所以，流动性支持可能产生的成本在于央行上缴财政收入的减少，由此产生的成本被称作准财政成本。存款保险和一揽子担保主要是为了防止系统性金融风险而对存款人作出的承诺，确保存款在任何条件下都可以足额支付。因此，存款保险和一揽子担保是一种或有负债。一旦问题金融机构发生损失，或有负债就会变成政府的实际债务，从而形成直接的财政成本或准财政成本。问题金融机构的处理包括退出、再资本化、并购、不良资产剥离、存款转移等方式，很多情况下是以上措施的综合使用，与财政直接相关的措施包括直接注资、国有化、不良资产剥离、资助私人银行并购重组。所以，金融危机和重组的成本可以分为准财政成本和财政成本。

全球金融危机发生后，各国金融部门改革的巨额成本使财政在未来一段时期承受巨大的压力。此外，政府成本的大小还要取决于具体的注资方案和政府在银行重组过程中从债权人收回资产的多少，以及重组后的银行在出售给私人部门时政府所持股份的未来价值。由于在金融危机的救助过程中会存在巨大的财政成本，所以发达国家在面临金融风险时因其财政能力较强，能够将金融危机带来的财政成本纳入预算中，这对经济增长的负面影响不是特别明显。但是对欠发达国家来说，金融危机带来的财政成本会挤出一部分正常开支，从而大大提高政府的融资成本，导致资本外逃，致使经济发展停滞。因此，强大而平衡的财政对于防范系统性金融风险具有重要意义。

3. 基于政府公共主体身份的财政所承担的宏观金融风险责任

（1）宏观金融风险具有明显的公共性特征。政府作为公共管理者，是宏观金融风险的最后承担者，具有防范和化解宏观金融风险的职责。而这种职责是一直存在的，不论任何原因，只要宏观金融风险构成公共风险，就需要由政府来出面解决，以政府作为公共主体身份为基础的财政，需要对政府这一职责承担必要的成本。

（2）财政的首要职责是保持稳定性。传统经济理论认为，固定汇率制下的财政赤字容易引发金融风险，而政府或有负债的一部分也可能来自于银行的不稳健经营。因此，从财政稳定性的角度来看，防范和化解宏观金融风险的一个重要举措就是解决财政赤字货币化问题。此外，还要进一步深化财税体制改革，建立强大的国家财政，保持债务和赤字的可持续性，加强对或有负债的预测、监督和管理，采取有效措施防范和化解宏观金融风险。

（3）财政对宏观金融风险负兜底的责任。政府对金融体系提供隐性担保，而金融危机的爆发将会使政府承担更大的成本。金融危机后的金融部门是公共部门或有负债的重要来源，对财政的影响也很大。所以，通过事前的制度安排，履行财政防范宏观金融风险的职责，建设科学完善的金融安全体系，有助于防范和化解宏观金融风险。

（4）注意政府履行职责时道德风险的防范。政府介入金融风险的救助很容易导致市场中的道德风险，例如市场认为政府会提供紧急援助时，私营部门会过度借款或从事高风险的活动。在一些国家，就曾出现过政府为私营部门提供紧急援助，但由于投资者缺乏风险监控能力，导致其道德风险问题十分严重。如果政府事先明确干预市场程度的界限，道德风险是可以得到有效控制的。为了减少道德风险，政府只需负责提供最低限度的公共品，私人部门将自己承担失败导致的损失。因此，财政在履行职责的过程中，应注重发挥市场机制的作用，同时政府应当建立起完善的金融安全网络，通过金融安全体系的设计防范道德风险。

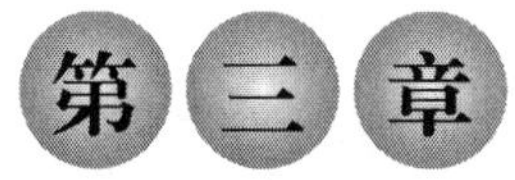

金融风险防范的国际经验

肇始于2007年的美国次贷危机，在2008年重创了美国金融系统，大型金融机构陷入困境，许多大型企业陷入破产边缘，经济陷入危机。次贷危机爆发后，发达国家和发展中国家都普遍采取宽松的经济刺激政策，大规模举债，各国政府债务负担大大提高，欧洲主权债务危机爆发。为了应对此次全球金融危机，各国政府都分别采取了积极的财政货币政策，以防范和化解金融危机，走向经济复苏。它山之石，可以攻玉。本章主要通过对美国、欧盟、日本、俄罗斯的实证分析，较为系统地探讨了各国政府应对突发性金融危机的政策措施，并简要评价了政策实施的效果，在此基础上总结了各国应对危机的经验教训。

一、美国应对金融风险的政策措施

（一）美国采取的财政政策

美国的次贷危机愈演愈烈，最后发展成世界范围内的大规模金融危机，危害极为严重，社会总资产整体缩水，消费信心不足，居民生活水平不断下降，经济增速放缓。美国采取扩张性的财政政策，不断刺激居民消费，加强对企业的投资力度，始终坚持扩大内需，维持经济市场的良好稳定运行，保持经济稳步增长。扩张性财政政策通常包括政府投资和税收政策两种。

1. 增加政府公共支出政策

美国增加公共投资，主要用于教育、基础设施建设、医疗设备完善、失业补贴以及新能源技术研发等。2009 年年初，美国国会就通过了一项近 8 000 亿美元的经济刺激方案决议，方案中，美国政府将 5 000 亿美元投入到公共支出上面，主要指医疗卫生、基础设施建设、新能源的探索以及支援美国各州的财政支出，剩余的部分用于减税。

2. 税收政策

金融危机初期，美国国会就通过了美国首个以减税为关键内容的经济刺激方案的决议，该方案投资超过 1 600 亿美元，方案的主要内容包括：对企业实施税收激励政策，该措施涉及金额超过 5 000 亿美元。为了降低个人及企业投资中用于有形资产、软件以及设备购买的比重，美国政府对税率进行了短暂的调整，这一调整就节省约一半的投资。提高个人所得税征收额度，这一支出就超过 1 200 亿美元，如果一个家庭夫妻年总收入低于 15 万美元，那么其应税收入的前 1.2 万美元税率减免为 0，如果个人年总收入低于 7.5 万美元，那么其应税收入的前 0.6 万美元税率减免为 0，依靠社保生活的退伍军人和老年人可以获得相应退税；有孩子的家庭，可以额外获得每个孩子 300 美元的退税。到 2008 年第三季度，美国又出台了超过 8 500 亿美元的救市方案，用于救助不良资产的投资规模占了极大的比重，约为 7 000 亿美元，剩余部分用于减税。

此外，美国还进一步推出了一系列的税收优惠政策。第一，提高新能源、交通、节能减排等方面的税收优惠，鼓励节能减排，大力发展新能源，不断加强对新能源产业的保护，尽快恢复国内经济；第二，给企业提供更高的税收优惠，进一步加大 2008 年以来的固定资产投资的税收优惠标准，免除 2009 年企业购置资产的税收；第三，针对高收入群体以及大规模企业，提高它们的税率水平，以增加政府财政收入。例如，如果个人年总收入高于 25 万美元，那么其个人所得税将上升至40%，为进一步实施扩张性财政政策提供了保障。

3. 问题资产的拯救（TARP）

金融危机中，美国政府用于救助问题资产的总资金超过 7 000 亿美元。计划实施初期，美国政府就将总资金量的一半用于救市，这批资金重点用于银行等的不良资产的收购，同时还包括：第一，用于贷款时的担保。2008 年年底，为了给信用卡和汽车贷款担保，美国政府支出 200 亿美元，仅仅为花旗银行担保，美国政府就支出 50 亿美元；第二，股权的购入。2008 年年底，美国政府购入了四十余家银行的股权，其规模超过 3 000 亿美元；第三，用于银行的短期贷款。2008 年年底，美国财政部动用 174 亿美元为汽车业提供短期贷款。

4. 贷款担保和直接注资

第一，进行居民个人住房经济援助。为了应对金融危机，美国政府将超过 3 000 亿美元的资金投入到居民个人住房经济援助项目中去，不久以后，美国住房金融局负责管理“两房”；第二，对即将破产的大型金融机构进行扶持。美国政府在 2008 年两次救助岌岌可危的大型金融机构，其救助对象分别是摩根大通以及国际集团，救助资金分别达到 290 亿美元以及 1 500 亿美元；第三，进行资金回购并提供担保。2008 年中期，政府投资 100 亿美元用于回购抵押贷款以提高对债券的支持力度，不久之后，为了稳定本国货币市场，美国政府又提供给 ESF 超过 500 亿美元的担保资金。

（二）美国采取的货币政策

次贷危机爆发后，美国金融界及时作出反应，从实际情况出发，及时进行了危机的干预。然而，从整体上看，这些干预具有偶然性及短期性。

1. 流动性支持政策

在此次金融危机中，美国联邦储备委员会给美国金融市场提供了大量的救助资金。这些资金主要用于之前的贴现以及隔夜回购，同时，美国金融当局还同时设计了多种金融创新工具，如定期证券借贷工具（TSLF）、商业票据信贷便利（CPFF）以及贴现窗口定期拍卖便利（TAF）等，以提高资金的流动，弥补资金缺乏流动性的缺陷。2009 年中期，美国政府通过 TAF 的形式拍卖了资产额超过 1 000 亿美元的贷款。TAF 是 2008 年金融危机后美国提出的金融创新工具之一，通过 TAF 有效地提供给市场流动性资金，进一步稳定美国金融市场。TAF 效果较为显著，2009 年，美国几乎以每月两次的频率通过 TAF 的方式向市场注入流动性。同时，美国政府还特别强调了施行宽松的货币政策，2009 年，美国政府将投资近 2 万亿美元用于国家债券、机构债券以及机构抵押贷款支持证券的购买。以上金融创新工具的使用，缓解了商业银行及非存款金融机构的流动性短缺问题。

2. 低利率政策

次贷危机初现端倪的时候，美国经济增速已经非常缓慢，2007 年，美国开始施行宽松的货币政策，利率水平下调到 5% 以下。在此之后超过一年的时间里，美国不断降低基金利率水平，降息幅度之大（为 0. 75 个百分点），降息次数之多（高达 11 次），是美国利率史上从未有过的。到了 2008 年中后期，联邦基金利率已经降至此次降息的最低点，这时利率水平仅为 1% 。

这些财政政策的相继实施，使得政府的负债迅速增加，而随后为了促进实体经济的快速发展，政府通过利率工具将大量资本投入到市场，这种积极的货币政策促使实体企业加快投资、加快发展，但同时物价也存在快速上涨的风险。

3. 介入对金融机构的救援

危机发生后，美国当局迅速行动，制定了一系列针对性的措施阻止危机负面影响的蔓延。从推动金融机构进行资源整合到直接接管破产企业，再到国家财政对陷入困境的金融机构进行注资，美国政府通过强有力的行政干预，来缓解金融危机带来的不利影响。具体的路线图我们可以总结如下：首先，美国金融管理机构积极推进摩根公司收购贝尔斯登公司项目，不仅协调其他部门给予配合，而且带来资金扶持；其次，美国财政部接管两大房企，并对其进行注资，减缓整个地产市场的波动，最后，美国政府通过注资控股国内最大的保险公司，防止该公司经营问题波及实体领域，造成实体经济停滞不前的后果。通过上述措施美国政府迅速遏制了危机蔓延的势头，为进一步寻找更好的解决方案赢得了时间。

4. 以行政手段干预市场

由于担心危机会进一步反复，美国证券市场监管部门出台了限制金融股买卖的规定，但这一规定并非长期维持，只是暂时对市场投机活动进行控制，防止市场出现大的波动，这条规定大约持续了一个月，对遏制危机的负面影响起到了积极的作用。

5. 将金融监管纳入美联储货币政策框架

在危机爆发之前，美国的金融市场监管由多个部门共同进行，正是由于存在多个监管部门，所以出现了监管标准不统一、监管力度不一致的状况，这种模式的效率比较低，而且使得监管死角出现，市场危机因素不断累积。而不确定性因素的增加却并未得到任何部门的重视，使得发现问题的机会白白错过，最终导致了危机的爆发。美国政府试图对原有的监管体系进行调整，主要从三个方面进行：首先，通过赋予美联储更大的权力，使得对金融市场监管的部门进行了明确，当美联储在监管过程中发现问题后，可以利用执法权，采取相应的解决办法。其次，建立全国性的监管部门，改变多头监管的局面，防止监管不力的情形再次发生。最后，对职能相近的部门进行合并。例如证券监管部门和期货监管部门合并等等。

二、欧盟应对金融风险的政策措施

（一）欧盟采取的财政政策

始发于美国的金融危机在欧洲迅速蔓延，欧洲各国政府采取措施积极救市，试图稳住经济形势，但是迄今为止，各国基本上仍是各自为战，缺乏统一协调的机制，甚至还经常发生各自采取的改革措施影响他人而引发争议。欧盟 27 个成员国当中，各成员国的经济、财政状况不一样，使用欧元的也只有 15 个国家，约占欧盟的一半。即使欧元区这 15 个国家，也只是货币政策统一起来，由欧洲央行负责，而财政政策则由各成员国掌控。总体来看，各国政府纷纷采取积极的财政政策，不断刺激经济需求，投资额度持续加大，然而上述经济刺激政策的效果并不明显，反而引发了欧债危机。

1. 增发国债

欧盟各国政府在财政盈余不足或者出现财政赤字的情况下，仍然实施积极的财政政策，通过发行政府债券的方式进行资金筹集，近年来，各国政府的国债持有额度逐渐上升。以法国的国债余额为例，法国政府在 2005 年和 2008 年分别维持在 10 848 亿美元以及 17 541 亿美元的水平，2009 财年继续大幅增长，突破 2 万亿美元；英国由 9 828 亿美元增长至 12 407 亿美元，财政部数据显示，2009 财年突破 15 000 亿美元；德国也由 10 686 亿美元增长至 15 093 亿美元，2009 财年增长幅度较大，超过 18 600 亿美元。综上所述，世界主要发达国家，如法、德、英等，它们的国债余额几乎平均每年都保持两位数以上的快速增加。

国债余额的快速上涨，带动了欧盟国家的国债负担率的大幅上涨，国债负担率指的是一个国家的当年国债余额占该国当年国民生产总值的比重。国际上普遍认同的国债负担率的上限为 60%。然而，对世界上多个国家的国债负担率统计发现，不少国家的国债负担率早已超过 60%，再加上金融危机的巨大冲击，这些国家国债负担更为严重。以欧盟地区的希腊为例，在 2006—2007 年连续两年的时间里，该国的国债负担率高达 105.717% 和 104.677%，2008 年，这一数据继续上升，到了 2009 财年，数据飙升到了 160%，接近国际普遍认可的国债负担率的上限的三倍。金融危机未出现之前，很多国家的国债负担率基本上都位于警戒线以下，然而金融危机的不断冲击以及政府负债水平的提高，使这些国家的国债负担率也都超过上限标准，造成欧债危机的频发。

2. 扩大财政赤字

增加发债规模、扩大财政赤字，是欧盟各国实施积极财政政策的主要内容。近年来，欧盟国家的财政赤字都有不同程度的上涨，为了更有效地应对金融危机的冲击，欧盟成员纷纷在 2008 年后提高了自身赤字总额，以下从数据上予以分析。

如果财政赤字总额持续上涨，势必会引发财政赤字率的增长。财政赤字率是指一个国家当年的财政赤字与该国当年的国民生产总值的比值。国际上普遍认同的赤字率的上限为 3%。出于应对金融危机的考虑，2008 年之后欧盟成员国不断提高政府财政支出，此时，即使政府财政赤字较少，在 2009 年欧盟国家的赤字率也无一例外地会超过 3%。欧盟委员会的统计结果显示，2009 年和 2010 年两年的时间中，欧盟 13 个成员国的财政赤字率都超过了国际上普遍认可的上限 3%，爱尔兰 2009 年赤字率高达 15.6%，西班牙也达到 9.8%。为了刺激内需，振兴本国经济，英国政府 2008 年财政支出大幅上升，虽然上一年度的预算赤字仅为 346 亿英镑，2008 年的预算赤字达到 1 750 亿英镑，是上一年度的 5 倍。据此推测，英国政府 2014 年的赤字总额将超过 7 000 亿英镑，而 2008 年的预测数据仅仅为 4 340 亿英镑。2009 年，德国政府财政赤字超过 500 亿欧元，赤字率为 3.9%，2010 年赤字率则上升至 900 亿欧元。法国政府近年更加注重经济的发展，2009 财年法国政府赤字超过 1 000 亿欧元，赤字率水平为 5.6%，2010 财年赤字率水平为 5.2%，2011 财年和 2012 财年赤字率水平分别是 4% 和 2.9%。2008 年，意大利政府的赤字率仅为 2.7%，根据最新的意大利国别报告统计数据显示，金融危机之后的意大利财政赤字迅速上涨，2009 年赤字率水平为 4.5%，2010 年赤字率水平上升至 4.8%。

(二) 欧洲和英国中央银行的应对措施

2008 年 9 月以后，美国次贷危机逐渐扩散至整个欧洲，为了防止危机继续扩大，欧洲各国政府和央行纷纷采取措施救助陷入危机中的金融体系，采取的主要措施包括：

1. 无限额注资计划

美国次贷危机爆发之后，2008 年 10 月 15 日，欧洲央行、瑞士央行和英格兰银行宣布联手向金融机构注资 2540 亿美元。这项措施是欧洲各国中央银行为缓解金融市场流动性紧张而出台的第一个措施，该项措施具体包括：欧洲央行向银行机构提供一笔总额为 1 709 亿美元、期限为七天的贷款，将利率锁定在 2. 277%。瑞士央行和英格兰银行以同样的利率分别注资 71 亿美元和 763 亿美元，期限为七天。这一重大举措是在前一日伦敦股市大幅震荡一天后出台的。商业银行面临严峻的困境，欧洲各大央行纷纷选择将纳税人资金投入到银行当中去，阻止这些银行濒临破产，这样才能恢复公众对国内金融体系的信心，让银行恢复正常放贷。欧盟成员国普遍认为，救市政策的目的在于保持国内金融体系的正常运营，维护纳税人的利益，保护存款者、企业和贷款者。

2. 坚持宽松的货币政策

2008 年金融危机蔓延以来，很多数据调查结果显示，欧元区的经济增长变得十分缓慢，之后的一年时间以内，经济还不能很快恢复，欧盟地区央行坚持通过减息的方式改变经济增长降速的现象。金融危机出现以来，欧盟央行连续七次进行降息，总共降息幅度达到 3. 25 个百分点。欧洲央行行长的观点是，不能单纯依靠货币政策对市场进行调控，还应当选择其他调控方式以促进全球市场的流动。为了应对资金短缺的局面，欧盟地区中央银行向多个欧盟国家的央行注入了流动性，同时，欧洲央行还利用拍卖的方式给整个欧元区注入了流动性以解决欧盟地区资金不到位的问题。2009 年 5 月，中央银行决定通过“非常规手段”，出资购买资产担保债券以解决欧盟金融市场的危机。

英格兰银行是欧盟地区影响力较大的银行之一，自全球性金融危机出现以来，该银行就通过降息的方式来防止信贷紧缩的不断蔓延，连续六次施行降息计划，总共降息幅度超过450个基点。2009年该银行实施最后一次降息计划后，其基准利率降至0.5%，这也达到了其有史以来的最低利率额度。英国在此次全球性金融危机中遭受重创，国内大型企业不断传来倒闭的消息，就业岗位大量减少，数十万人丧失了工作机会，房地产行业的损失更是难以估计。为了应对这些问题，英国当局决定采取宽松的货币政策以刺激国内消费需求，2009年年初，英国央行自金融危机以来第一次增加货币的发行量，并且将这些增持的货币用于发展实体经济。在3月份英格兰银行宣布继续降息的同时，采取“量化宽松”的货币政策（今后的一段时期以内，采取购买债券的形式不断为信贷市场提供强大的货币供应和保障），“量化宽松”的货币政策是英国采取的第二种救市措施。在这2个月之后，英格兰银行除了坚持之前的0.5%利率水平不变的措施之外，继续向金融市场加大财政投入力度，不断扩大资产收购规模，不断振兴国内经济，维持金融市场稳定。面对这种局面，英国央行行长默文·金表达了自己对未来经济的悲观预期，认为英国应该继续坚持宽松的货币政策。然而，鉴于利率已经降至最低水平，如果继续降低，对刺激经济增长没有意义。所以，英国当局选择通过量化宽松的货币政策，增加市场上货币存量以刺激经济增长。

3. 政府和央行联合促成商业银行的国有化

2008年金融危机中，英国当局针对商业银行陷入金融困境的局面，出台了一项通过国家出资救助商业银行的计划，该计划规定，陷入困境的商业银行接受国家财政的500亿英镑资金支持后，部分资产归国家财政所有。英国的位列前八位的商业银行都接受了这一计划，政府持有银行的优先股。另外，为了更快地帮助这些银行走出困境，英国央行同时向上述8家商业银行增加2000亿英镑的短期贷款。当然，英国政府并不是无偿进行救市，政府也能从救市中得到不少好处，例如，这些商业银行的经营模式今后可能会发生改变，银行分红和员工报酬也会受到国家的制约；尽管政府不能拥有投票权，但是政府每年都能在股东分红前获取固定额度的利息，这个收益也是非常可观的。

另外，面向整个欧盟地区的银行国有化进程也在逐步加快。金融危机期间，有 27 个欧盟国家领导人参加了欧盟首脑会议，在会议上，他们全部认同之前 15 国峰会中提出的应对金融危机的主要对策和策略。在欧盟地区，为了更好地应对金融危机的冲击，欧盟地区通过国有化的方式拯救那些濒临破产的商业银行，通过国家财政支出为这些银行的借贷进行担保。主要表现在两个方面：第一，欧盟成员国通过财政支出为商业银行新推出的中期债务进行担保；第二，商业银行国有化，政府以出资购买的方式给商业银行提供注入资金。欧盟成员国根据会议中提出的救市对策推出了适用于本国的救市方案，注入资金超过 2 万亿欧元，这些资金量几乎是美国救市基金（7 000 亿美元）的 4 倍。

三、日本应对金融风险的政策措施

为应对全球金融危机的冲击，日本政府动用财政政策和货币政策工具，不断刺激国内消费，加大国家财政支出力度以促使国内经济运行回归到正常轨道中来。日本应对金融风险的措施和欧美等发达国家有不小的差距，其推行的政策如货币政策等，具有使用频繁、政策工具单一等特点。

（一）日本采取的财政政策

日本政府在此次全球金融危机后，不断刺激国内消费，加大国家财政支出力度以促使国内经济运行回归到正常轨道中来。为了更有效地应对金融危机的冲击，日本接连施行了三大经济刺激计划，国家财政总支出额度超过 12 万亿日元，是发达国家中投入规模较大的国家之一。

这三个经济刺激方案的总预算额度超过 12 万亿日元、实际预算规模更是高达 75 万亿日元，另外，政府还推出与这三个经济刺激方案相关的起补充作用的预算方案，补充方案中，提出了面向中小企业实施的紧急保证制度，这些企业数量超过 500 个，信用保证协会为中小企业贷款负全部责任。这些措施一方面保证了国内金融市场的稳定，另一方面促进了国内经济的不断增长。

1. 紧急综合对策，提高民众信心

由于日本是一个能源、原材料依存度极高的国家，美国次贷危机后，国际能源、原材料价格猛涨，这些都给中小企业的发展带来巨大的挑战。日本政府 2008 年 8 月出台了 11.7 万亿日元的经济刺激方案，其中财政支出 2 万亿日元，应对原材料和能源价格上升引致的通货膨胀压力。

该项政策出台的目的在于消除国民忧虑，减轻人们的不安情绪，不断挖掘日本经济发展新的增长点。主要对策有：第一，保持物价稳定在合理水平，扩大对低收入家庭的贷款额度，提高法定最低工资，降低个人所得税，为了落实这些措施，政府在原有基础上增加财政支出约 4 000 亿日元。第二，加速建设可持续发展的社会。主要措施有：（1）推进清洁能源的研发，促进低碳社会建设；（2）改善居住环境，促进低耗能住房的设计；（3）促进优势农林水产业发展，国内粮食生产能够达到国内粮食总需求的一半。国家财政用于上述对策的支出高达 0.9 万亿日元。第三，扩大中小企业专项贷款额度，国家财政专门向高能源、高消耗产业提供超过 4 000 亿日元的财政补贴。

2. 生活对策

为了尽可能多的降低金融危机的冲击，2008 年 10 月，日本政府开始推行一项近 70 万亿日元的经济刺激计划，该计划涉及众多领域，如向中小企业提供资金援助，向大众发放补助金以及进一步扩大金融机构的融资额度等。

该方案具体措施包括以下几个方面：第一，实行定额减税，降低失业保险费率，对一般家庭发放紧急补贴，向所有家庭发放2万亿日元的“生活支援定额给付金”；第二，采取措施确保国内金融市场稳定，资产总值接近22万亿日元，其中，0.6万亿日元为政府财政支出额度。这样中小企业就能拥有近21万亿元的信贷担保，允许新能源投资实施全额折旧；第三，积极推动地方发展，财政支出为2万亿日元。继续加大地方交付税的投入，持续减少国家高速路的收费项目和标准，继续增加减税期限，进一步加大居民进行住宅贷款的减税上限。

3. 紧急对策

针对因金融危机造成的企业流动资金不足，日本首相公布了《关于确保生活安定的紧急对策》。该对策中，日本政府提供10万亿日元支出（“生活对策”中6万亿日元支出也包括在内）用于振兴国内经济，维持国内经济稳定。主要应用于：（1）提供1.1万亿日元用于维持雇用政策的稳定；（2）提供1万亿日元用于支撑地方交付税，不断增加就业岗位，加快地方经济不断发展；（3）提供1万亿日元作为紧急情况下的经济对策预备费，大力发展中小规模企业的同时，增加更多的就业机会；（4）进行税制调整。减税的税种对象包括土地税、住宅税以及汽车税等，少征收地方税3 800亿日元，少征收国税6 900亿日元，少征税额共计1.07万亿日元，同时减轻中小企业税负，针对节能设备投资选择及时计提折旧的减税形式；（5）进一步加强《生活对策》的实施力度，确保6万亿日元的财政支出。

（二）日本坚持的货币政策

源自于美国的金融危机给日本也造成了严重的影响，主要表现在资金不能得到合理有效的流动，日本通过一系列货币政策的实施，保持了国内经济的稳定发展。

1. 下调基准利率

日本央行通过连续下调基准利率的方式，应对全球金融危机的冲击，以缓解国内的通货紧缩，刺激经济的恢复发展，尽可能减少企业在融资过程中的成本代价，2008 年 10 月，央行决定下调银行间无担保隔夜拆解利率，将利率水平从 0.5% 降至 0.3%，降低了 0.2 个百分点，两个月以后，央行宣布继续下调基准利率，此时利率水平仅为 0.1%，直到现在，日本一直都在沿用 2008 年以来的宽松货币政策。

2. 提高市场注资规模，进一步稳定金融市场

全球金融危机后，为了保证日本金融机构资金的周转顺畅，日本银行采取措施进一步解冻信贷市场，在此期间，不断加强与美国央行的交流，同时还在市场操作中增加美元资金的供给。具体措施主要包括以下几方面内容：

一是政策工具以公开市场操作为主，同时兼顾股票市场的稳定。在美国次贷危机后，为了应付流动性危机，日本银行在 2009 年 9 月至 10 月之间连续向金融市场注入资金共 39.6 万亿日元，将银行间同业拆借利率维持在 0.5%。2009 年 12 月，日本银行采用新的货币供应方式，以 0.1% 的年利率投放 10 万亿日元，向金融机构提供资金，通过下调中长期利率，以支撑日本经济发展。2010 年 8 月 30 日，面对股市的下跌，日本政府继续坚持宽松的货币政策，不断提高市场投入资金的规模，市场注资总规模增加了一半，采用公开市场操作的方式，使得无担保隔夜拆借利率水平始终维持在 0.1%。

二是购买金融机构持有的股票，向市场投放美元短期贷款。为了避免银行出现大范围的惜贷现象，日本金融机构主动降低自身的股票持有风险，从整体上维持国内金融市场秩序。2009 年初，为了防止日本经济的进一步急剧恶化，日本央行继续推行收购银行保有股票的政策。日本银行 2009 年 9 月与美联储签订货币互换协议，获得 600 亿美元的资金保障，10 月通过公开招标向市场投放 200 亿

美元的短期贷款，日本银行决定与美联储和欧洲中央银行一起按固定利率向金融机构提供全额抵押美元贷款，用于稳定市场。10月日本银行向市场投放500亿美元的短期贷款，年利率为2.1%，主要用于满足外资金融机构的资金需求。

三是稳定和恢复股票市场的投资者信心。2009年10月，日本银行要求各证券交易所公布证券交易的数据信息的频率由每周一次增加到每周七次，提高对证券市场的管理力度。在交易制度上，逐渐放松对上市公司股票回购的限制，提高回购数量的上限并延长回购期限，以保障市场对股票的需求。与其他国家不同，日本并没有将减息作为应对此次金融危机的货币政策工具，也未对储蓄实行全额担保。日本银行总裁指出，与其他国家相比，日本的金融体系相对稳定，而且日本的利率水平已经很低，因此无须再降低利率。为了控制风险，日本银行没有增资控股的计划。同时，日本考虑恢复《金融机能强化法》，以便向问题金融机构注入公共资金。

四、俄罗斯应对金融风险的政策措施

俄罗斯的实体经济也受到了此次金融危机的影响。为了摆脱危机的困扰，俄罗斯政府推出一系列措施，取得了一定的成效。实施了扩张的财政政策和适度宽松的货币政策，扶持战略性新兴产业的发展，积极参与国际经济合作。

（一）俄罗斯采取的财政政策

1. 政府积极扩大财政支出

为了维持经济的稳定发展，俄罗斯财政部直接向金融市场注资，主要是为了减少金融企业资金不足的难题。

2007年之后连续两年俄罗斯政府采用财政手段对市场进行调节，增加了近6 500亿卢布的流动资金。而且，金融机构也得到了政府大量的资金支持，以贷款方式为例，银行可以从政府那里以较低的利率获得大额度资金，2008 年下半年向商业银行提供 4 万亿卢布的无抵押贷款。俄罗斯政府还积极推动银行企业竞争，建立优胜劣汰的市场制度，鼓励银行企业资源整合。

2. 出台减税政策刺激经济发展

只有企业能够保持良好的发展，经济才能够持续快速发展，而企业的发展需要良好的环境。为此，政府决定减少企业的纳税额，缓解企业发展中遇到的阻碍，形成了相关的制度文件。首先，对企业缴税税率进行下调，降低 4 个百分点，这一办法将会增加企业的净利润额，为企业的发展提供更充裕的资金储备，为中小企业的快速发展奠定政策基础。其次，降低进出口关税税率。通过降低关税税率，鼓励国内企业参与国际市场贸易，增加对外贸易额，促进俄罗斯国内外贸型企业的快速成长。以石油出口为例，关税税率曾一度减低 25%，石油出口税最低时为每吨 100 美元。此举大大促进了对外石油交易，石油出口量迅速增加，石油经济对整个国民经济的贡献也在不断提升。

（二）俄罗斯采取的货币政策

1. 逆势提高利率

面对此次全球性金融危机，各国纷纷采取降低利率的措施刺激经济复苏，而俄罗斯却逆势而为，采取措施提高利率。2008 年 11 月俄罗斯把隔夜回购利率由 7% 上调至 9%，2009 年 2 月将此利率再增加一个百分点，这些手段的实施让资本向外调动的成本大大增加，有助于减少资本外流的情况，保证俄罗斯货币价值的稳定，对国内商品价格的稳定有明显的促进作用，确保了经济能够向好发展。

2. 调整存款准备金率

在此次金融危机爆发之前，为降低通胀率和货币供应量，调整存款准备金成为必要的措施。俄罗斯政府将存款准备金率降低了 4.5%，这样，银行可以向市场提供更多的货币，避免流动性不足的产生，但是过多的货币供应也会带来通货膨胀的潜在风险。

3. 调整汇率政策

资本是有逐利性的，在哪边能够取得更高的回报，它就会流向哪里。金融危机爆发前夕，俄罗斯的资本开始向国外转移，这样对货币价值的稳定带来了极大的冲击，对经济的稳定带来严重的威胁。为了解决这一问题，俄罗斯外汇管理机构通过外汇调整手段来保证本国币值的稳定，这也直接减少俄罗斯的外汇储备近600亿美元。在2008年年底，国内外汇管理机构将卢布对外汇汇率的波动区间扩大到4%，到了第二年，汇率浮动范围仍在扩大，虽然外汇调整措施取得了明显的效果，但并未从根本上解决问题，俄罗斯货币贬值仍然发生。

五、国外防范化解金融风险的政策综述及启示

金融危机的发生对各国的经济秩序造成了严重的威胁，不同的国家也形成了共识，采取各种手段来解决问题，很多国家也经过努力走出了困境。但是欧盟国家仍然深陷于欧债危机之中。这带给我们深刻的启示：

第一，建立有效的金融监管机制。金融危机的起因和疏于防范相关联，监督管理的失效直接导致了金融危机的最终爆发，各种不良资产越来越多，最后达到无法控制的局面，所以管理制度的完善性、有效性必须得到足够的重视。改革开放以来，我们国家的金融市场得到了较大的发展，越来越多的企业进入该领域，快速发展的背后也暴露出监督不力、制度约束不严等问题。因此，应当尽快完善相关监管机制，维持金融体系的健康发展。

第二，防范和应对金融危机必须面对纷繁复杂的社会经济形势，确定科学合理的应对政策。全球经济息息相连，同处于一个大的系统之内，因此某一环节出现问题，整个大的系统就会出现连锁反应，这样对风险的规避带来了极大的挑战。当前资本可以跨国自

由流动，这也容易对某一国或某一地区的经济稳定带来威胁，若没有合理的制度对此进行管理，容易产生一系列的问题。金融危机的发生，会使得全球经济发展停滞不前，这样也会让之前的经济发展政策失效，需要重新考虑发展对策。不难理解，金融机构的协调控制职能在危机中不能得到很好的施展，这样信息的传递变得不再有效率，执行力也会受到严重的影响。以日本金融机构为例，资产不良对金融企业形象及公信力带来挑战，公众为了减少损失的可能性，都倾向将银行中的钱取出来，因此发生大规模的挤兑风潮，银行面临破产风险，不得不向政府求救，而其向企业放款促进经济发展的职能也不能够发挥出来，从而造成经济衰退。不仅如此，为了保持一定的外汇储备和稳定汇率，中央银行在利率政策上难以取舍。维持较高的利率水平，有助于解决外汇流动性困境，但却会使经济发展面临更加严峻的形势；反之，则会进一步加剧外汇流动性困境，影响国家信誉。

第三，维持一定规模的外汇储备是防范现代金融危机的必要条件。不过，外汇储备规模究竟以多大为宜，需要仔细斟酌。我国在20世纪80年代末也对此进行过争论，外汇储备情况也因此发生了波动。从外国经验来看，可动用的外汇储备必须首先能够保证国家短期外债的偿还，否则就会直接导致流动性困难。这就要求国家的外汇储备尽可能与国家外债期限结构相协调。从外汇储备的结构来看，真正能够持久动用的外汇储备主要是通过贸易顺差赚取的外汇。由外资流入构成的外汇显然与国家的经济发展状况，甚至与社会的稳定、国际政治因素互为条件。外资的撤出往往会成为耗竭外汇储备的突发性因素。因此，随着世界经济一体化和金融的自由化，强化我国外汇储备的规模和结构管理能为防范和应对金融危机构筑坚实的堤坝。

第四，优化产业发展布局，保证金融业与实业均衡发展，才能使经济健康持续向好发展，从根本上减少金融风险发生的几率。从以上几国情况来看，结构不合理是不良贷款滋生的基础性因素，容易受外来因素或突发性因素的影响，削弱抵御危机的能力，引发全面的金融危机。

第五，国家财政是防范和应对金融风险、刺激经济复苏的有效办法。从应对危机的实践经验来看，财政手段是可行的办法。财政手段具体有以下几个方面：降低企业纳税税率、增加财政开支、向银行提供救助资金等办法，财政政策可以较好地阻止危机效应蔓延，促进就业，促进实体经济的发展。当然这些方法的具体实施能否起到立竿见影的效果除了与政策制度的合理性有关，还与国家或者地区的经济发展水平密切相关。如果该地区或者国家经济水平非常高，该地区或者国家的财政收入就会非常高，其抗风险能力就强，制度执行遇到的阻力也会小得多，反之，抗风险能力较弱，制度推广的难度会非常大。以美国为例，其经济发展水平及财政收入均较高，相关的财政政策对金融危机的针对性强，效果非常明显。因此，稳定的国家财政不仅对国家安全有着显著作用，还对金融市场秩序的稳定有着支撑意义，良好的国家财政能够保证在金融危机爆发时从容应对。

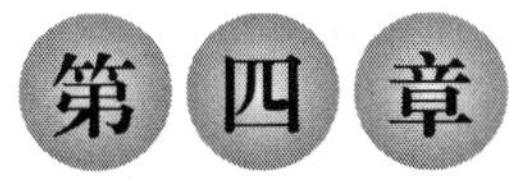

我国金融风险的回顾

一、计划经济体制下的金融风险

我们国家成立之初，实施计划经济体制，在此制度下形成的经济体系受到政府的明显干预，政府是此阶段经济的主导者，主要以行政手段和指令形式调节社会生产和社会需求，分配社会产品，而忽视市场机制对经济的调节作用。与此相适应，新中国成立不久，金融机构就按照当时苏联的银行模式进行了改造，建立起高度集中统一的“大一统”的国家银行体制。中国人民银行是这一时期我国真正意义上的唯一的一家银行，既行使货币发行和金融管理职能，又办理具体金融业务，分支机构按行政区划遍布全国各地，各级分支机构按总行统一的指令和计划行事，其信贷、结算、现金出纳等制度，均围绕严格监督和保证中央高度集中的计划任务的执行和实现而设计，以现金管制为例，对企业的信贷业务开展以及银行的放款均带有明显的计划色彩，国有企业的发展受到格外的重视，其发展所需资金由国家财政和银行分别供应；企业之间的商业信用被严格禁止，一切信用集中于国家银行。中国人民银行成为全国现金、结算和信贷的中心，垄断了全部的金融业务。

在新中国成立初期，这种高度集中、以行政管理为主、资金供给型的金融体系和单一的融资渠道，有利于贯彻落实政策，控制经济全局，将有限的资金优先安排到国家重点产业和项目计划中，强化了国家集中财力发展经济的能力，在较短的时间内改变了我国“一穷二白”的落后面貌，提高了人民生活水平。但随着经济的快速发展，计划经济体制就产生了一些矛盾，特别是在20世纪60年代以后，社会的主要矛盾由之前的敌我矛盾逐步转变成人民群众日益增长的物质文化需求与落后生产之间的矛盾，计划经济体系已无法化解此问题，经济发展制度变革需求开始显现。在银行账户上也逐渐堆积了一些呆滞贷款，表明当时金融风险也是存在的。计划经济体制面临的金融风险主要表现在政策风险和操作风险，银行风险全部集中在国家身上。

（一）政策风险

政策风险是指银行在经营管理中，由于国家政策方面的原因而造成的损失。

计划经济意味着经济资源由国家用行政手段进行分配，因此，国家把全社会的资本要素集中起来运用行政手段按计划分配，国家通过各类中央机关行使着企业家的职能，包揽了重要的经营决策，集中管理着近乎全部的现金流量。但是，由于微观经济活动错综复杂，部门经济活动脱节，或计划脱离实际，在计划经济体制下，银行同样不能完全避免风险。银行贷款对象为数众多，其资金需求目标函数多变，加上市场物价波动、技术革新、自然灾害发生等诸多不确定性，致使中央计划部门和人民银行不可能全面、精确地掌握全社会货币资金的需求与信贷资金运作的复杂信息，制订的计划往往无法满足社会经济发展的真正要求，随着时间的推移，计划金融管理体制日益暴露出所有制结构单一、资源配置效率和经营效率低下的弊端。

特别是国家宏观政策大的失误甚至错误，对银行工作冲击很大，给本来已经十分困难的国民经济带来了消极影响。“大跃进”时期，推行“存贷下放，计划包干，差额管理，统一调度”的改革就曾引起金融管理的混乱，许多企业和部门通过拖欠银行贷款和挪用流动资金的方法大搞基本建设；一些银行分支机构虚报存款完成数字，超存款能力发放贷款；大量贷款被不合理占用，资产质量恶化。结果，造成信贷收支失衡，迫使大量发行基础货币。在十年动乱中，我国银行体系更是遭到了严重的冲击和破坏。

（二）操作风险

操作风险，是指由于银行自身经营管理方面存在的问题而形成的风险。在传统计划经济体制下，银行的经营目标是社会效益，而不是自身的经济效益。银行系统内实行“统收统支”的财务制度，银行经营实行收支两条线，实现利润全部上交，发生亏损上级补贴。实行“统存统贷”，全国各级银行吸收的存款，一律上交由总行统一使用，不能够自行安排；各级银行发放的各项贷款，也由总行分别核定计划指标，然后逐级下达，各级银行只能够在指标范围内发放贷款。注重行政手段，不用经济手段，致使整个金融系统缺乏活力。金融业的价格和数量管理同时存在，不但利率、汇率受到严格管制，信贷资金的规模和投向也是受管制的，在信贷等方面管得过死，如“打油的钱不许打醋”等。银行缺乏经营自主权，内部分配吃“大锅饭”，不讲经济效益，也不承担经济风险。这种经营机制和激励机制，为金融风险的存在和发展提供了温床。

（三）银行风险全部集中在国家身上

在传统的计划经济体制下，人民银行按国家计划独家经营，作为高度集中和垄断的国家银行，在所有权上是国有的，在营运上是国营的，银行的风险必然全部由国家来承担，这更加剧了风险的严重性。这样的运作模式使得风险与收益严重不对等，不利于银行业的长期发展。这种运作模式将各种权利集于一身，产权界限不清，容易出现风险，而风险大多由国家承担，这必然会增加金融企业经营的压力，对各种不确定性因素进行防范和管理的积极性、主动性都受到了很大的影响。

在长期计划经济体制下，信用机制没有发挥其本身应有的作用，企业的发展并未完全和信用机制挂钩，相反，国家政策的干预起关键作用，企业发展的自主性及积极性受到了严重的影响。企业在发展过程中，商业信用的履行实际上只能排在完成计划下达的实际指标任务、安排就业和社会保障等诸多任务之后，信用风险显得不太突出。另外，财政在社会投资和储蓄中都占据主导地位，全社会实行低工资、低消费和高保障政策，居民的储蓄能力较弱，因此，支付风险对银行来说也不大。

值得指出的是，在传统计划经济下，金融资产单调，金融活动的领域狭窄，金融机构发挥的作用受到了极大的限制。银行作为主要的金融企业之一，应当在资金的流动和产业的发展协调方面起到应有的作用。在政府主导的大环境下，银行应当发挥的作用没有完全展现出来，其职能主要限制在存款、取款等简单业务，对经济发展的引导、调控作用并不明显，计划经济体系大大地限制了银行职能作用的发挥。在计划经济中，经济的货币化程度很低，银行没有真正发挥出银行的作用，受长期计划经济体制的束缚，金融业一直处在发展缓慢的状态。从某种意义上来说，这也可算上是一种特殊的金融风险。

在传统计划经济体制下，保险公司、证券机构等非银行金融机构陆续停办，金融机构单一，金融风险实际上仅包括银行风险。当时，计划是配置资源的主要方式，财政主导整个社会资金的分配。财政在国民收入分配中占有 1/3 左右的比重，而银行比较弱小，长期处于高度金融压抑状态，呈现出“大财政、小银行”的格局。由于基本建设、定额流动资金由财政拨付，银行贷款主要解决超定额流动资金，虽然盲目建设、重复建设和投资失误也产生了无法收回的银行贷款，但并不形成真正意义上的金融风险。国家以放慢国民经济发展速度和人民生活水平提高速度为代价，使得由此产生的金融损失长期潜伏而没有显现出来。

总之，在传统计划经济体制下，金融风险是存在的。但由于银行在国民经济中所起的作用有限，加上国家采取牺牲效率的方式来减轻和避免了金融风险，相对于市场经济来说，我国在传统计划经济体制下的金融风险要小得多。

二、转轨时期的金融风险

经济生活中总是充满风险的。风险是预期事件发生不利后果的可能性，不确定因素的存在也导致发展之路无法完全预见。金融行业是现代经济的重要组成部分，其发展面临的不确定性因素也非常大，改革开放后，我国逐步由市场经济体制替代计划经济体制，在该阶段，金融体制正处于转型期，正在从计划金融体制转到市场金融体制。在金融体制转型过程中，资金管理正在由粗放型向集约型过渡。

（一）我国金融风险的基本类型

金融风险由于形成原因的不同，种类也各不相同，结合我国金融市场的实际情况，可以将其划分为市场因素带来的风险和政策因素带来的风险，这两种类型的风险因素与我们国家金融市场并存，影响着整个行业的发展。其中制度型金融风险是我国在从计划经济向市场经济转轨过程中引发的金融风险。市场型金融风险是在市场经济中产生的金融风险，是整个行业系统内发展所面临的各种不确定性因素的集合，这些因素既包括利率波动带来的冲击，也包括商业信用不能履行带来的不利影响等等。

（二）我国金融风险的生成机理

风险的形成在很大程度上与其所处的环境密切相关，考虑风险的形成机制，制度型金融风险主要是由传统的信用约束机制和资金供给机制决定的；市场型金融风险则在很大程度上取决于经济性质和整个市场体系的脆弱性。

1. 制度型金融风险的生成机理

我国中小企业的发展资金绝大多数来自银行贷款，而四大国有商业银行（中国工商银行、中国农业银行、中国建设银行、中国银行）在整个信贷市场占有绝对的优势。银行的发展和国家的信用紧密联系在一起，这种运作模式也有其独特的发展空间，在政府引导与市场接轨的共同作用下，信用约束机制和资金供给机制逐步完善起来。

（1）信用约束机制产生金融风险。商业信用机制能否顺利运行对整个金融市场的发展有着至关重要的作用，信用是维持整个金融体系稳定的必要条件，若缺乏信用支撑，整个市场将会崩溃。我国的长期的政府主导的经济大环境，导致整个金融系统的建立缺乏信用机制的有效支撑，而替代信用机制的则是各种政策及行政指令。这种体系应变能力不够灵活，决策制度不能保证科学有效，因此存在很大的风险。

（2）资金供给机制产生金融风险。在政府主导的经济发展体系当中，资金的供给方是政府。银行调配资金的作用并不能很好地发挥出来，这样构建了一个由财政—银行—企业组成的融资结构，由于政府具有明显的倾向性，将资金重点投向国有企业，重点扶持国字号企业的发展，而民营的中小企业很难获得资金支持。银行职能的限制使得风险发生的概率大大增加。

2. 市场型金融风险的生成机理

我国实施市场经济制度以来，逐步减少政府在经济体系中的干预，通过价格机制来优化资源的调配。金融体系对市场经济体系的正常发展有重要的影响，当然金融也是市场经济的重要组成部分，所以实现市场对金融资源的有效配置是一个重要的目标。然而，受不确定因素的影响，金融体系容易受到市场其他因素的影响。

（1）货币经济偏离实体经济，产生金融风险。随着商业信用的不断发展，资金的流转逐步实现电子化运作，整个金融行业的发展有脱离企业实体独自成为系统的趋势，金融业发展得越好，与实业脱节的可能性也越大。我们国家的发展离精细发展模式尚有很大的距离，在很大程度上仍依赖原材料的大量投入，投入产出比仍处于较低水平，由于资本的逐利性，投机现象在社会比较流行。金融企业对实体经济的支持不够，过多的资金流向非实体领域，存在泡沫现象，在这种情况下容易发生到期债务无法偿还、资不抵债等各种问题，累积产生的风险最终会汇集到金融机构，对整个金融领域的发展带来不利影响。

（2）金融运行的内在的不稳定性，产生金融风险。各种各样的不确定性因素都有可能导致市场的持续波动，这些造成风险的因素具体有以下几个方面：信息不对称，决策针对性不强，利率与汇率波动，币值不稳定，各种各样的金融产品导致投机猖獗等等。

频繁的波动是利率及汇率的一个明显的特征，当然它们的波动会对经济造成直接的影响。我们国家改革开放以后实施以市场为中心的经济发展制度。在此体制下，经济发展政策、经济发展状况、资金的正常流转都会对它们造成影响。这种影响会通过一定的机制传导到整个金融体系当中，进而会对整个经济产生影响。资金具有很强的流动性，若这种属性不发挥作用，将会产生金融风险。货币的流动性最强，但其并不能带来回报，因此，我们会发现这样一个现象，将大量的资金用于投资而不是留在金融企业内部，这也是资金保值增值的要求。但对于投资同样具有很大的风险，一般而言，投资的收益在长期才能体现出来，无法在较短的时间看到效果，当宏观经济形势不理想时，会产生不良的市场预期，就容易导致大量的投资者提前撤回投资的状况发生，金融企业将会面临巨大的挑战，遭遇库存现金严重不足的风险，为了保持自己良好的商业信誉，其不得不折价处理已投资的项目，最终会导致连锁反应，诱发金融风险。

在整个金融体系中，信息不充分问题也应当受到足够的重视。当金融企业开展业务的时候，会对业务方的信用、基本经营情况、资金用途、还款保障等方面进行细致的调查，但很多信息不得不由业务方进行提供，而这些信息只有业务方最了解，为了能够取得资金，业务方可以选择性披露信息，甚至提供虚假的信息，这样也会产生很大的风险。当业务方取得资金后，经营并未向预计方向发展时，就可能发生不能按时履约偿还资金的情况，这样会占用金融企业的资金，减少金融企业的流动资金，对金融企业的正常经营带来一定的压力。目前为了增强盈利能力，各金融机构也是在开发不同的产品，当然不同的产品面对的客户群体也有所不同，但过多涉足也会产生风险。

（三）金融风险对我国经济的影响

风险因素是由各种不确定性产生的，风险一旦发生往往会对金融系统本身及整个金融体系的发展带来不利影响，下面将从两个大的方面进行总结：

1. 制度型金融风险的效应分析

国家的经济发展政策与金融市场的发展有着密切的联系。国家财政可以对资本的调配给予引导，对资本的供给进行保障，同时也会对资金的具体流向进行规范，国有企业在此制度下会优先获得资金支持。从国家层面上来看，政策带来的风险主要是资本调配效率不高以及金融机构放款额度的限制不到位。从微观角度来看，制度型金融风险产生的效应表现为企业借款较多不能按时还款、资金违规使用、金融机构资金占用较多。

（1）制度型金融风险的宏观效应分析。在现有的信贷管理办法下，业务模式存在一定的弊端。尤其是针对国企的业务，存在着不透明、责任惩罚机制不完善的问题。国有企业由于其特殊的背景，其往往从金融机构获得大量的资金支持，即使其发展不需要那么多的资金，也通过各种渠道在获取资金，这样导致银行资金供给压力增大，资金配置效率处于非常低的水平，国有企业发展的动力不足，而民营企业则由于资金缺乏，想往前发展却举步维艰。

（2）制度型金融风险的微观效应分析。国有企业的发展受到政府的直接干预，其信用可以放大，在这种模式下，其可以较为轻易地获得发展需要的资源，但正是这种便利性扼杀了其积极性，对利润获得的愿望并不强烈，自己获得资金的能力有限，当企业缺钱时，只能将手伸向银行，这样循环下去为企业带来沉重的债务负担；对银行而言，由于国有企业的负债基本上属于国有商业银行的资产，这些债务也将形成银行的不良资产。

2. 市场型金融风险的效应分析

除了政策因素，市场系统因素也会有风险，这种风险可以通过特有的机制在整个大系统内传导并放大，从大的角度来看，将会产生泡沫现象，从小的角度来看，会使金融机构的经营变得困难，企业生产的效率也会受到影响。

（1）市场型金融风险的宏观效应。泡沫风险是市场不确定因素的集中表现，这种风险在发展的各个时期也会有不同的特征。在风险的导入期，市场经营看似是正常的，资本有丰富的供给来源，企业的贷款需求也很旺盛。此时，金融业的发展已脱离企业实体，资本运作之风已经形成，各企业追逐资本投资收益，忽视生产，泡沫逐渐形成。在风险扩大时期，各个市场主体开始认识到泡沫的存在，开始寻找各种解决方案以应对危机，人们对资本投资回报的认识逐步趋于理性，经济形势开始出现大幅下滑，企业的产能出现富余状况，产品供应量大于实际需求量，产品的价格开始下降，工人失业的情况变得更加恶化，连锁反应开始起作用，各种危机逐渐显现。

（2）市场型金融风险的微观效应。从银行及生产企业来看，市场因素带来的负面影响也很大。风险一旦发生，银行由于挤兑情况的发生，会导致资金严重不足，对企业支持的力度会很快下降，与此同时企业生产也将陷入困境，企业的经营效益将会下降。在这个阶段之前如果审查不严，有履约风险的贷款项目也有可能爆发出来，银行由于不良贷款项目的增加也会对放款门槛进一步提高。企业想从银行拿到钱、扩大经营规模变得非常困难。

三、金融自由化下金融业面临的风险

经济全球化的过程实质上是金融自由化的过程。在拥有一个有效监管框架的条件下，通过利率自由化和资本账户自由化，允许更多的外国金融机构进入我国金融市场，可以促进金融业的竞争，从长远来看，对改进金融服务质量、提高金融体系资源配置效率，以及对经济的长远发展有着非常重要的意义。然而，从我国金融业的发展状况来看，随着金融自由化，金融机构之间的竞争将日趋激烈，其不确定性也会越来越大，金融业面临的风险也将加大，从而导致出现财政危机和经济危机的可能性加大。因此，我国金融和经济发展的重要阶段，充分认识金融自由化过程中面临的金融风险显得尤为重要。

（一）金融自由化对经济运行的影响

随着世界经济一体化和金融自由化的程度不断提高，很多国家实现了资本自由化和利率自由化。当前，发展中国家金融自由化程度也在不断提高，但是金融自由化对一个地区或者一个国家的发展带来重大利好的同时，也会有很多不确定性因素可能阻碍其发展。若这个地区或者国家的金融体系尚不健全，政策制度尚不完善，那风险发生的几率就会非常大，下面对其影响进行总结：

1. 大量风险资本的流入会影响宏观经济稳定

在发达国家，由于制度比较完善，投机机会大大减少，资本投资的回报率呈下降趋势，因此，发达国家剩余资本急于寻找高回报的投资机遇。欠发达国家为了加快发展，往往会制定一系列的投资优惠条款，而这些优惠条款往往也会引起国际资本的注意，这样国际资本由于逐利性而大量涌入。在不发达国家，由于经济发展水平相对较低，金融发展仍处于探索时期，政府对市场的干预力较强，竞争环境尚未完全建立。由于不发达国家处在工业快速发展及基础设施大规模建设阶段，对资本的需求非常旺盛，这也就为国际资本的进入奠定了良好的条件。

国际资本大量流入发展中国家，将会影响宏观经济的稳定。第一，大量国际游资的涌入往往会引发投资热潮，发展路径往往背离了原来的既定路线，资本吸收处理方式可能存在不合理性。吸收的资本在转换成现实生产力之前需要一个过渡期，这会增加通货膨胀和经常账户赤字的压力。第二，资本流动管制取消后，原来本地区或者本国的需求可以通过引进国际资本来实现，当然有很多的民间资本也开始大量涌入。资本的富余也使得更多的需求不断产生。对于非贸易产品而言，不合理的供求会导致通货膨胀压力；对于贸易品而言，不合理的经营状况会导致国际收支逆差更加恶化。更为重要的一点，大量资本的涌入会对原来的金融市场运行机制带来极大的冲击，资金调配、使用的费用都将会增加，资本投资的高回报预期会促使工业、基础设施建设项目高速增加，经济将会出现泡沫，从而影响宏观经济的稳定。

2. 利率市场化会带来国有企业的融资问题

利率市场化意味着银行拥有完全经营决策权，决定信贷的投向和定价。商业银行在坚持“三性原则”（安全性、流动性和营利性）的前提下，必然选择经济效益好的企业作为信贷投向。而很多亏损或者微利的国有企业将失去信贷支持而陷入困境。此外，国有企业融资成本的承受能力也会受到挑战。若是在低利率管制的条件下，国有银行对国有企业通过补贴性金融进行支持，大量的亏损或者微利的国有企业如果可以勉强维持生存的话，那么在利率市场化后，随着利率水平的升高，将会造成微利或者亏损企业的财务状况雪上加霜，生存难以为继，即使经营效益好的国有企业也可能陷入财务困境。若国有企业没有合理的退出通道，那么问题将会更加突出，影响整个国民经济的发展和改革。因此利率市场化改革应当与国有企业改革配套进行。

3. 金融自由化为国际游资提供了便利

由于发达国家金融体系的不断完善，富余资本投资高回报的需求得不到满足，这些资本会放眼全球市场，寻找投资机会。通过国际权威调查机构的报告显示，全球目前大约有与五分之一产出等额的资本在参与市场投资。国际游资在各国间的游动，会加大国际信贷市场的风险。国际游资推动金融衍生品的发展以及汇率的波动，加大了金融工具的风险。国际游资是为了追求高回报而进行的资本投入，不会坚持长期的实业型投资。当然也会有些实业投资，这种状况会与某些诉求紧密联系在一起，并非真正的长期价值投资。因此国际游资的进入不完全是好事，会给地区或者国家的经济稳定带来风险。

（二）金融自由化对国内金融机构经营的影响

改革开放后，我国逐步建立市场经济体系，金融市场环境也开始慢慢好转，但由于基础薄弱，需要走的路仍然很长。以国家注资成立的商业银行为例，由于历史包袱沉重，金融技术基础薄弱，自我约束、自我发展的经营机制还没有真正建立起来。

一是增加对优秀管理人才的争夺风险。由于目前中资金融机构的人事工资制度尚存在很大的缺陷，收入水平普遍较低，分配差距比较小，对员工尚未形成有效的激励机制。外资金融机构报酬优厚，对国内金融界的高级管理人员和业务骨干具有较大的吸引力，将会导致大量优秀人才的流失。这不仅降低了中资金融机构业务开拓能力和管理水平，而且也会带走一部分客户。因此，这需要对我国现行的人事工资制度进行实质性的改革，构造有效的激励机制，防止优秀管理人才的流失。

二是加大对优质客户的争夺风险。一般来说，金融机构的利润、资产质量、资金来源的稳定性与优质客户群有着直接的关系。目前，我国银行、证券、保险仍然实行分业经营、分业管理。中资银行业务仍然以传统的存贷款业务为主，业务品种单一，对社会和客户提供综合服务的能力差。在当前国际银行业向综合经营发展的趋势下，许多外资银行所属的集团经营业务涉及证券、保险行业，甚至非金融领域，成为全能银行，具有强大的服务功能和创新能力。在这种情况下，如果我国金融实行自由化，金融机构间争夺优质客户的风险将加大，部分优质客户不可避免地流向外资银行。

三是对金融机构管理体制和经营机制的挑战。中资金融机构的公司治理结构还存在一定的缺陷，分支机构的设立仍然按照行政区划设置，在现代信息系统如此发达的情况下，企业经营管理的信息化程度仍然较低，在管理手段上仍然依赖传统的管理模式，没有实行扁平式的管理模式。企业在业务创新和自主发展能力方面较弱。

（三）金融自由化对金融监管体系带来的影响

稳健的金融运行机制不仅依赖于金融机构完善的内控制度，完善的金融监管制度也是一项不可或缺的重要前提。金融自由化对金融监管体制也会带来较大的影响。主要表现在：

一是金融自由化对分业监管体制的冲击。我国实行分业经营和分业监管的体制，而国外的金融机构大多数为混业经营。虽然金融自由化后我国对外资金融机构仍然可以限制其经营范围，但是外资金融机构可以利用其境外的后援支持体系，充分发挥其优势。例如，国外券商买卖证券的资金可能来源于储蓄资金。同时，尽管分业监管是与我国当前金融业分业经营格局相适应的，这有利于监管部门集中精力对各自监管对象进行监管，提高监管效率和水平，但是这种监管体制也使得各监管部门自成体系，缺乏配合，导致被监管者有利可图，加大金融业的风险。

二是金融自由化对金融监管方式的冲击。我国目前的金融监管方式主要是行政监管方式，即重视金融监管当局的外部监管，主要依靠现场监管，轻非现场监管，在监管中运用人海战术，依靠查账去发现问题。对于金融机构的自我监管，由于缺乏完善的法人治理结构，缺少自我约束、自我管理的机制，使得金融机构的内部监管流于形式。至于社会的外部监管，由于制度或素质的原因，会计师事务所、审计师事务所等社会监督机构对金融机构的监督检查也缺乏科学规范和权威性。

三是金融自由化加大了对资本项目管理的风险。金融自由化以后，金融机构和企业能够获得在国际金融市场上低成本融资的便利，大量中资企业也会转向在外资银行融资，从而加大了本币与外币的融通以及国际资本的流入和流出，特别是在当前大量的国际游资迅速地跨国界流动，更是加大了我国资本项目管理的技术难度。同时，随着我国国有企业企业重组和银行重组，将从国内市场走向国际市场，外资银行及企业将持有中资银行及企业的股份，这将对我国资本市场产生较大的冲击。这一系列的变化都将加大经常项目的监管难度。从国际经验来看，如果中央在条件不太成熟的条件下实行资本项目的自由兑换，有可能导致短期资金的流入和国内资本外逃，从而产生金融风险，甚至金融危机。

四是金融自由化后金融监管机构如何做到防范风险与提高金融效率并重。我国目前金融监管方式是监管金融业务而不是监管金融机构的内控机制。按照现行制度规定，各金融机构开展的每一项业务都要报监管部门审批，这不利于金融机构的金融创新活动。这种监管方式缺乏弹性，很容易将金融机构管死。随着我国金融自由化，金融机构的业务创新不断发展，各种不同类型的金融机构的区别越来越模糊。在这种情况下，只有监管金融机构的内部控制机制，才能既有利于促进金融机构的创新活动，又有利于控制金融风险。这对金融监管部门如何从当前单纯防范风险转到防范风险和提高金融效率并重提出了较高的要求。

（四）金融自由化加大了政府防范和控制金融风险的难度

许多处于转轨期的工业化发展中国家的金融体系在放松管制和实施金融自由化以后都经历了金融危机的冲击。这让人们认为是金融服务自由化的实施导致了金融体系的危机，进而影响了实体经济的运行。这种担心在某种程度上是可以理解的。因为从表面看，当某个国家的银行业出现危机时，政府为了保护存款者的利益，需要耗费很高的成本，来挽救银行体系的崩溃。同时，由于银行中介体系陷入混乱，从而加剧了失业率、降低了经济增长率，最终影响了实体经济的运行。

宏观经济政策的不稳定、政府监管的不力和政府对金融市场的不适当干预是金融业危机的主要根源。金融自由化并不是导致金融危机的直接原因，但是它却加大了金融部门调节的难度。例如，过分宽松的货币政策可能会导致盲目的借贷行为。政府在借贷行为里的不适当的干涉，可能会造成金融机构的脆弱。当政策和管理出现失误时，可能会导致金融市场信心的丧失，这反过来又加剧了金融危机的程度。如果没有充分的监管和制约，金融机构更加可能采取风险更高的操作。由于激烈的竞争，金融自由化使得金融机构任何的失误都更有可能带来危机。因此，保持宏观经济的稳定，加强政府的监管就显得尤其重要。

金融服务自由化对金融体系稳定性的影响是通过影响资本的流动来实现的。在某种程度上讲，是贸易自由化带动了资本流动的自由化，而正是资本流动的自由化在金融体系出现问题的时候加剧了人们信心的丧失，从而使得金融体系的状况进一步恶化，放大了由于宏观经济不稳定和宏观调控失误带来的不利影响。在发展中国家，金融深化程度和金融市场规模都很小，投资者由于还很不熟悉这些新兴市场的状况，所以资本的流动和市场信心很容易受到“羊群效应”的影响。同时，市场投机力量的压力也会增加这种危机的程度。然而，值得强调的是，这种资本的流动是对宏观经济和金融不稳定的反映，而不是像我们通常认为的那样，即这种资金的流动引起了宏观经济和金融的不稳定。因此，强化宏观经济的稳定和经济政策连贯性和可预测性就成为保持金融自由化的关键。

四、我国防范金融风险的政策回顾和评价

（一）我国防范金融风险的政策回顾

1. 1994 年防范金融风险所采取的措施

1994 年金融风险主要是由于投资膨胀与过度宽松的货币政策

引起的。1992 年和 1993 年连续两年都是以高于 1991 年 1 倍以上的幅度发行货币，截至 1993 年，社会固定资产投资增速为 61.8%，物价水平已达到 114.7%，此时政府意识到投资增长过速，需要尽快压缩投资规模。对此，政府采取的措施是紧缩银根。但是过度宽松的货币环境难以马上扭转，1994 年新币发行量仍是 1424 亿元，只是比 1993 年略有下降，投资只降到 30.4%，物价水平高达 124.1%，这是一个很危险的信号，若处理不好，就不仅带来金融问题，而且还会导致经济危机。

国家采取严厉的措施抑制通货膨胀，减少货币发行量，进一步紧缩银根，抑制投资需求。1995 年，国家货币发行量为 597 亿元，达到了 1991 年的水平，投资规模得到控制，降到 17.5%，基础货币和贷款增长规模下降，到 1996 年金融风险基本上得以化解。

2. 1998 年后防范金融风险所采取的措施

亚洲金融风暴过后，很多国家开始关注金融风险，我们国家也开始加强监管，出台相应的解决方案以防止危机波及实体经济。早在金融危机之前我们国家出台了专门的法律规定中国人民银行不得参与商业银行业务，是专门的银行管理机构、政策制定机构。金融危机之后，国家下文专门说明银行机构不良业务的比例标准，严格控制信贷业务风险，并对不良业务责任处理提出指导意见。同时，国家财政部门也提出了多项解决方案，增加银行资金的供给来源，中央财政承担人民银行损失的部分原有贷款或增加新贷款支持；中央财政完全承担资产管理公司的最终损失；中央财政直接偿付被关闭金融机构的主权外债；农业发展银行逾期贷款的利息，由地方政府财政偿还；2004 年，向两家国有商业银行（中国银行、建设银行）注资 450 亿美元外汇储备，以加速其股份制改造的进程。具体措施见表 4－1。

表 4－1　　我国防范金融风险的政策措施

债务转股权	以光大信托为例，由于资金周转失灵，该金融企业不能按时履约偿还负债，中国人民银行经过仔细研究，通过多次论证采取债转股办法成功让光大信托转危为安。亚洲金融危机过后，通过上报中国人民银行，国内主要商业银行的不良项目分离方案开始提出，经批准后，不良资产通过股权方式过渡到国内主要资产管理公司进行管理，在这些不良的项目转让过程中由此发生的巨大亏空由财政承担
冲销呆账	1997 年开始加快国有商业银行的呆账冲销，当年冲销了 300 亿元，1998 年冲销了 400 亿元
注资（再资本化）	亚洲金融危机发生后，为了防止挤兑情况导致银行资金紧张，国家财政通过国债项目筹集近 3 000 亿资金注入到国有银行，保证国有银行经营的稳定。各级政府也通过财政手段向地方金融企业给予资金帮助，让它们渡过难关，保持市场秩序的稳定。建设银行、中国银行也获得国家财政注资，保证了股份制改造的顺利开展
剥离不良资产	1999 年，财政部注资 100 亿元成立信达、东方、华融、长城四大资产管理公司，剥离约 14 000 亿元的不良贷款，其中包括国有企业 4 050 亿元的债转股。收购资金主要来源于三个渠道：中央银行提供 5 700 亿元再贷款；国家财政对四大资产管理公司拨付 400 亿元资本金；四大资产管理公司向国有四大商业银行发行 8 200 亿元的金融债券。截至 2004 年 6 月，四大金融资产管理公司共处置不良资产 5 673 亿元，累计回收现金 1 128 亿元，占处置不良资产的 19.9%
中央银行贷款的损失	作为商业银行的管理机构，中央银行要处理破产金融机构的债务问题，通常需要贷款途径解决问题，而因此产生的负经济效益也是国家的经济损失
中央财政的暗补	银行机构负责处理破产的其他金融机构的负债，会少收一部分利息，此部分利息转由财政承担，这样有利于调动银行处理不良资产的积极性
中央财政直接偿付	破产的银行如果有国外债务尚未偿还的，中央财政代为偿付这些债务
地方财政的支持	对本地有支付危机的金融机构予以税收减免；在地方金融机构破产后出资偿付自然人的存款债务，动员地方国有企业注资有问题的金融机构，以缓解支付危机；若地方银行经营不善破产，地方政府需要从财政拿出钱保证客户的自有资金能够取出，当然也可以达成协议由大型企业购买银行的不良资产，地方政府给予一定的资金补贴

3. 2008 年后防范金融风险所采取的措施

美国次贷危机对我国股市和金融市场产生了一定影响，增加了我国的金融风险。受次贷危机的影响，我国经济面临通货膨胀和经济增长趋缓的双重压力。对此，我国也是有针对性地出台相关的方案来应对危机。

(1) 采取积极的财政政策。美国次贷危机后，我国积极调整政策，扩大国内市场，通过各种鼓励措施，改善产业发展结构，通过自主创新及改革试点着力保证经济平稳增长。

第一，改善人民的基本生活水平。通过财政投资，建设一批公共廉价租住房，通过财政投资开展农村合作医疗保险制度，让困难群众住得起房，看得起病。通过完善基础设施建设，增加人民生活便利性，同时增加就业。

第二，通过优化财政支出结构改善经济结构。通过扶持资金的调配引导产业向高精尖方向发展，鼓励自主创新，鼓励生物医药、农业、高端制造业的发展。与此同时对于投入产出比不高，对环境影响大的产业进行限制发展。通过财政支持这个风向标引导民间资本合理分配到相关行业，保证国家扶持产业的发展动力充足。

第三，降低税率，减轻企业发展负担。中小微企业的发展对资金的需求非常迫切，通过降低税率，中小微企业可以增加经营资金，对于企业扩大经营规模，提高经营效率会有良好的促进作用，对经济的正向影响也会非常显著。降低关税税率，保证外贸型企业的稳定发展局面，保证对外贸易对经济的贡献度。降低消费税率，鼓励居民进行消费，并适当对困难群体进行补助，扩大内销市场。

(2) 采取适度宽松的货币政策。根据经济发展出现的情况，国家专门制定相应的货币政策。政策制定的初衷就是要增加市场资金供给，为中小微企业的发展提供资金后盾，以此促进实体经济的稳定发展，现对货币政策的实施方案总结如下：

第一，适当增加企业的放款额度。根据企业发展的实际情况，放宽对企业贷款额度的规定，商业银行在进行严格尽职调查的基础上，特事特办，适当增加对中小微企业的资金支持。对国家鼓励发展的农业、生物医药、先进制造业重点进行关注。

第二，丰富企业融资方式。通过设立引导基金制度，大力引进国外资产管理公司设立股权投资基金，鼓励向成长型中小微企业开展股权投资，另外大力建设债券市场、股票市场，鼓励企业通过债券市场、股票市场进行融资，取得发展所需要的资金。同时也鼓励各企业积极申请政府财政补贴，增加企业发展所需要的资金来源。

第三，通过财政工具增加市场货币供给量。中国人民银行根据经济发展需要，适时调整利率及存款准备金额度，鼓励投资和消费，促进中小企业的发展，保证它们能够从银行贷到款，同时又能够在消费需求旺盛的市场环境中，保持业务经营的良性发展，促进实体经济的健康发展。

第四，弹性的货币政策。根据经济发展状况适时调整，由于经济发展处于不断变化的进程中，受到诸多因素的影响，货币政策也不能够一成不变，要根据实际情况灵活调整，既要保证经济能够较好运行，又要防止过热状况发生，产生经济泡沫。货币政策也要紧密结合国家产业政策，以优惠的条件将资金引向战略新兴产业。

（二）我国防范金融风险的政策评价

1. 1994 年防范金融风险的政策评价

1994 年的金融风险虽然化解了，但是“一刀切”的办法对许多企业影响很大，导致此后十年的经济发展处于滞胀局面。具体的危害性表现在以下两个方面：

一是经济长期受到需求不足的影响，政府需要花费更大的成本和代价来刺激国内需求。自 1997 年，居民物价指数就处于较低水平，1997—2003 年 7 年间物价指数评价每年递增 0.29%，其中还有 3 年时间呈现出负增长。对此，人民银行连续下调利率和准备金率。其中，1996—2001 年间存款利率累计下调 5.98 个百分点，贷款利率下调 6.97 个百分点。1998—1999 年连续两次下调银行准备金率，由13%下调至6%。但是这些措施收效甚微。

二是加重了道德风险和金融风险。为了刺激企业的投资需求，国家降低了贷款成本，但是对贷款规模进行限制，形成一种“怪圈”，即要发展经济就要增加投资，要增加投资就要银行贷款，因此，造成经济的发展过度依靠银行信贷资金的状况，容易引发道德风险和金融风险。

2. 1998年防范金融风险的政策评价

1998年后国家防范金融风险的措施效果不明显，同时累积的结果更容易导致道德风险，主要在于金融体制在政治和经济体系下有一定的局限性。以下对其中的几项措施进行分析评价。

(1) 冲销呆账。冲销呆账是指国有银行放出去的贷款长期收不回，在账面上显示的是资产，而实际上是无法收回的贷款，这种呆账累积过多会造成银行流动资金被大量占用，非但无法获利，甚至连本金都无法收回，为了维持银行正常的信贷活动，由国家财政出资，替企业还银行贷款。冲销呆账有积极的一面，也有消极的一面。积极的一面是有利于维持银行的正常经营；消极的一面是会给企业带来一种信号，即借国有银行的钱长期赖账不还，最后会由财政出资还款，这容易引发企业的道德风险。

(2) 财政注资。按照《巴塞尔协议》的规定，银行的资本充足率不得低于8%，而我国银行业资本充足率过低一直是个问题。我国国有商业银行资本充足率偏低，严重制约其抗风险的能力，不仅削弱了银行的偿贷能力，而且会危及整个金融体系的安全。国家财政对国有银行进行了两次大规模的注资，但财政对银行的注资不可能无限进行。因为财政支出需要优先保证教育、医疗卫生以及基础设施建设，其次才能谈到为金融业解困。自20世纪90年代以来，我国财政每年都会出现赤字，财政债务平均以24%的速度递增，这是值得警惕的。我国近年来实施的积极的财政政策，导致财政赤字和财政债务越来越大，长期下去会有发生财政风险的可能。

此外，注资仅是国有银行改革的一个步骤。如果想把国有银行转变成真正的商业银行，需要按照上市的要求，对国有银行内部的不良资产进行剥离，完善内部治理机制，防止不良资产的产生，保证资金有较好的回报率，这都需要有相应的制度措施来配套。

（3）剥离不良资产。剥离不良资产是把银行在经营过程中由于经济制度转型、经济政策调整和市场结构变化等原因形成的高风险状态的部分贷款（不良资产），通过行政手段从银行剥离给资产管理公司，由资产管理公司集中进行重组、转售和清盘。剥离不良资产的本意是将银行的风险资产剥离出去，提高银行的资产质量和消化风险资产的能力，扩大资源重组的功能。虽然近年来银行的不良资产率有所下降，但是银行的不良资产规模却有继续扩大的趋势。通过成立资产管理公司的模式来解决国有银行的不良资产，可能会带来三种负面效果：一是可能发生银行不良资产控制不利，质量差的资产持续分配到资产管理公司，资产管理公司也吃不消。虽然设立资产管理公司的初衷是生存期 10 年。因此，仅靠成立资产管理公司不能够解决全部的问题。二是可能会造成共谋风险的发生。资产管理公司有可能会和欠款一方合伙骗取国家补贴，这样既不能从根本上解决不良项目的问题，还浪费大量的财政资源，导致财政的负担很重。三是可能会产生国有企业的恶意欠款不还的问题，国有企业深知国家不良资产的处理办法，由于约束机制的作用有限，部分国企将会钻政策的空子，对到期应偿还的贷款进行拖欠不还，这样对整个经济体系造成的危害将会非常大。如果处理不得当，还会蔓延到民营企业当中，对银行业务的开展带来严峻的挑战。

3. 2008 年防范金融风险的政策评价

面对国际金融危机的冲击，中央始终把保持经济平稳较快发展作为经济工作的首要任务，实施了积极的财政政策和适度宽松的货币政策，不断加强和改善宏观调控，取得了较好的效果。2009 年财政支出增长了 22%，银行贷款增幅为 104. 5%，固定资产投资增幅为 30. 1%，基本上实现了保民生、促增长的目标，2009 年 GDP 增长 8. 7%，CPI 下降了 0. 7%。

在应对这次全球性金融危机的过程中，财政政策工具使用得十分广泛，包括财政支出政策、税收政策以及各种财政投融资工具，多种政策工具的使用起到了很好的效果。货币政策主要使用了利率、准备金率和公开市场操作等政策工具，与财政政策一起实现了经济发展的目标，成绩斐然。但是从这次防范金融风险的过程中可以看出，财政政策和货币政策应用的突出问题就是对外部经济形势的判断不够及时准确。当西方国家纷纷采取措施应对美国次贷危机造成的不良影响时，我国政府主要经济管理部门还尚未意识到问题的严重性，造成了中央政府部门仓促应对金融危机，造成财政政策、货币政策的各项措施“重视眼前、忽视长远”，虽然2008年和2009年经济发展取得了显著成绩，但是却在一些深层次问题上出现了越来越严重的趋势，国内经济出现了一定的通货膨胀压力和资产价格上升的压力。

4. 总结

回顾近年来政府对金融风险的防范，不难发现有两个突出特征。一方面是政府对金融风险的高度重视。习近平总书记指出，“金融安全是国家安全的重要组成部分，是经济平稳健康发展的重要基础。维护金融安全，是关系我国经济社会发展全局的一件带有战略性、根本性的大事。金融活，经济活；金融稳，经济稳。必须充分认识金融在经济发展和社会生活中的重要地位和作用，切实把维护金融安全作为治国理政的一件大事，扎扎实实把金融工作做好。”另一方面是政府对金融风险的防范力度很大，多次向国有商业银行大规模注资以化解不良资产。可以说，我国政府防范金融风险的效果是比较有效的。改革开放以来，经济建设取得的巨大成就与良好的金融环境有直接的关系，这也要归功于相关监管部门的风险规避措施。但是还应注意到政府防范金融风险的责任不清晰，处理金融风险的方式还有待改善，主要表现在：（1）系统性较差，没有从制度上明确规定相关方的责任和处理原则；（2）处理方法比较原始，缺乏一系列风险评估的手段；（3）缺乏前瞻性研究，临时化解金融成本巨大，并且缺乏效率；（4）政府的干预容易使企业形成一种习惯，即出现困难都会由财政来兜底，这种惯性容易引发企业的道德风险，长此以往也会滋生银行的道德风险。如果不能从根本上改变国有银行不良贷款产生的运作机制，其潜在的风险就无法彻底消除。因此，注重金融风险防范方式的系统性问题应成为下一步的发展方向。

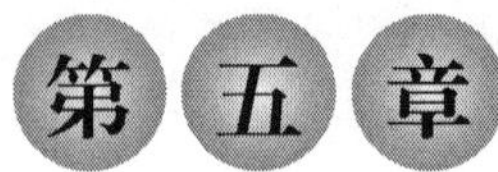

金融风险测量与危机预警模型

金融风险的管理要以科学的风险定量分析为依据。金融风险微观管理要求对已发生风险的程度做出测量，而宏观管理要求的风险定量分析则着重于金融风险的预警。

一、金融风险管理模型

金融机构面临的金融风险有信用风险、市场风险、流动性风险、操作风险和法律风险等，其中操作风险和法律风险大多依靠规章制度和交易契约来管理和控制，流动性风险一般依据银行账簿中的一些重要比例关系进行监控，都很少采用定量的风险管理模型。相反，在市场风险和信用风险管理的领域内，却存在着丰富的、日臻成熟的甚至已经普遍采用的风险管理计量模型，可以对风险做出定量的测度，进而提出控制措施。由于这两个领域内的计量模型众多，而且即使采用同一类模型，不同的金融机构对数据的处理方式仍不完全相同，故不同金融机构对模型的应用存在差别。

（一）市场风险模型

市场风险是指由于市场的变化而导致金融资产收益的不确定性。市场变化包括汇率、利率以及股价和商品价格的变化。市场风险的测量，可以从资产价格变化的累积概率分布中求得。早期市场风险描述和测度都是用价格或收益的波动，如方差、标准差和平均绝对偏差表示的。随着金融创新以及资产证券化，资产结构越来越复杂，J. P. Morgan 集团和 G30 提出了多维的市场风险测量方法——风险值测定法（VaR 方法）。

1. 资产组合市场价值的概率分布法

资产组合的总风险值可以用构成资产组合的各资产的分布变量来进行定义，只要得到构成资产组合的各个金融工具价格变化的标准差，就可以从资产组合的分布中计算出资产组合的总风险值。

先看由两种资产：资产 1 和资产 2 构成的资产组合。假设 P_1 是资产 1 的价格，A_1 是资产 1 在全部资产组合中的比例，P_2 是资产 2 的价格，A_2 是资产 2 占全部资产组合的比例，V 表示资产组合的价值，可视为随机变量，则有：

$V - A_1 P_1 + A_2 P_2$

$\Delta V - A_1 \Delta P_1 + A_2 \Delta P_2$

由数理统计理论可知：$E(\Delta V) = A_1 E(\Delta P_1) + A_2 E(\Delta P_2)$

$(\delta \nu)^2 = A_1^2 \ (\delta_{P1})^2 + A_2^2 \ (\delta_{PS})^2 + 2 A_1 A_2 \delta_{P1} \delta_{P2} \rho_{12}$

式中：$E(\quad)$表示数学期望，δ 表示某种资产或资产组合价值的标准差，ρ_{12} 为资产 1 的价格变化和资产 2 的价格变化的相关系数。

推而广之，由 K 种资产形成的资产组合价值变化 ΔV 的期望值为：

$$E(\Delta V) = \sum_{i=1}^{K} A_i E(\Delta P_i)$$

资产组合价值变化的方差为：

$$(\delta_\nu)^2 = \sum_{i=1}^{K} \sum_{j=1}^{K} A_i A_j \delta_{pj} \delta_{pj} \rho_{ij}$$

式中：ρ_{ij}为资产 i 和资产 j 价格变化的相关系数。如果资产组合中各资产的分布呈正态分布，则资产组合的分布也是正态分布，使用资产组合价值的标准差就能充分描述其风险。

通常情况下，资产组合庞大而复杂，拥有所有金融工具的历史数据不现实，故直接估算某一资产组合的收益和风险不太可能。替代的办法是将各种金融工具转化为风险因子的组合，并根据历史数据得到金融工具对不同风险因子的敏感性，然后将证券组合也表示为各风险因子组合，同时假设风险因子呈正态分布，利用风险因子的敏感性计算资产组合价值的标准差。具体计算公式如下：

$$\delta^2 = \sum_{i=1}^{K}\sum_{j=1}^{K} D_i D_j \cdot \mathrm{cov}(i,j) + \sum_{i=1}^{K}\sum_{j=1}^{K} \gamma_i \gamma_j [\mathrm{cov}(i,j)]^2 + S^2$$

式中：D_{ij}是资产组合价值对风险因子 i 变化的一次敏感性系数（其含义为风险因子 i 的单位变化导致资产组合价值的改变量，一般利用资产组合价值和风险因子的历史数据采用计量经济学线性回归方法得到），又称 delta。$\mathrm{cov}(i,j)$是风险因子的 i 和 j 变化的协方差，γ_i 为资产组合价值对风险因子 i 的非线性敏感程度，又称 gama。每个 γ_i 是各种金融工具相对于风险因子 i 的“gama”之和。S^2 为高阶项目或其他风险因素，其中的 D_i，D_j，γ_i，γ_j 和 $\mathrm{cov}(i,j)$ 等参数都由金融历史数据采用计量经济学的方法如线性回归或曲线拟合等计算得到。

2. *VaR* 值模型

（1）*VaR* 的含义。*VaR*（Value at Risk）是一种风险估值法，是指按照某一概率，在某一特定时期内预期发生的最大亏损额。比如说“一天的风险值为 10 万元的概率是 95%”，就是指在 1 天内发生 10 万元以上亏损的可能性仅为 5%。风险值不仅反映在一定时期内资产组合未来价值变化的预期，也反映了决策者风险厌恶的程度，决策者风险厌恶的程度越高，设定的概率值越安全，如 98%、99%。

（2）*VaR* 值的计算。根据 *VaR* 值的含义，对 *VaR* 的计算需要有三方面的数据：①持有期长度；②置信区间的大小；③资产组合未来价值的概率分布。

持有期的长短一般由银行监管机构根据资产组合的流动性特点和风险特点加以规定。对流动性很强，风险波动剧烈的交易头寸需要以一日为期计算出 *VaR* 值；而对一些期限较长、波动较平缓的头寸，可以以每月为期。

置信区间的选择取决于银行和监管机构规避风险的态度，一般设置在 95%—99% 之间。一个较宽的置信区间置信度较高，通常意味着资产发生重大损失的概率较小，银行和监管机构更注重资产的安全性。

因此，在 *VaR* 计算中涉及的持有期、置信区间都是由银行和监管机构设置的确定值，而计算 *VaR* 值最关键、最困难的要求是获取银行资产组合未来价值的分布特征。

VaR 通常计算资产组合的预期价值与在一定置信区间下的最低价值之差。

$$VaR = E(V) - V^*$$

式中：V 为持有期末资产组合的价值，$E(V)$ 为资产组合的预期价值，V^* 为一定置信区间 C 下最低的资产组合价值，又令 R 为收益率，R^* 为最低收益率，V_0 为持有期初资产组合的价值，则 $V = V_0(1 + R)$，$V^* = V_0(1 + R^*)$。

由上式可推知：

$$VaR = V_0[E(R) - R^*]$$

由上两式可知，计算 *VaR* 等价于计算 $E(R)$ 和 R^* 的数值；对 $E(R)$ 和 R^* 的计算一般有三种方法：历史模拟法；方差—协方差法；蒙特卡罗模拟法。

①历史模拟法。历史模拟法根据过去某一持有期内资产组合的收益率数据得到该持有期内资产组合收益离散型的概率分布，计算其累加和求出该持有期的平均收益，再根据既定的置信度，找出相应的最低收益水平，代入上述第二个公式，推算出 *VaR* 值。但这种方法计算出的 *VaR* 值是过去某一时期某一天的具体数值，用这个 *VaR* 值估计下一个持有期 *VaR* 值的准确性取决于过去、现在和未来这三个历史过程的绝对相似性。当然，计算时应选择与待计算的下一个持有期相似的历史时期，或者对有关的历史数据加以适当的

修正。

②方差—协方差法。方差—协方差法与上面方法的思想基本一致，不过将离散型的收益分布假定为常见的连续型概率分布，如正态分布或 t 分布，因为根据已有的历史数据计算出收益分布函数的数学特征均值、方差和协方差即可确定唯一的概率函数。

假设资产组合的收益分布为正态分布，概率分布图为正态分布的钟形曲线。我们知道该分布的数学期望值即为资产组合的预期收益 $E(R)$，δ 为资产组合收益的标准差，查表可得置信区间为 $1-a$ 的左边临界值为 $N_a\delta$，则 $R^*=N_a\delta$，即 R 落在 $R\leqslant\mu-N_a\delta$ 之间的概率即为 α，也就是说 R 落在 $R\leqslant[E(R)-R^*]$ 之间的概率为 α。

故根据 VaR 的定义有：

$$VaR=V_0[E(R)-R^*]=V_0M_a\delta$$

若持有期不是单位时间，设为 Δt，则均值和标准差分别为 $\mu\Delta t$ 和 $\delta\sqrt{\Delta t}$，则在持有期 Δt 内，$VaR=V_0N_a\delta\sqrt{\Delta t}$。

其中 V_0 已知，μ 和 δ 根据第一部分资产组合概率分布的方法求得，N_a 根据 α、由 μ 和 δ 决定的正态分布查表得到。

事实上，假设资产组合收益率呈正态分布并不完全符合实际。通常，收益的概率分布图表现为左边的尾部比正态分布下更为粗大，即“胖尾”（fat tail）效应，故采用比正态分布略胖的 t 分布可能更符合实际。

假设资产组合收益率符合 t 分布：$VaR=V_0t_a\delta$，收益率的数学期望 μ 和方差 δ_2 的计算同上，t_a 可查 t 分布表得到。

更为一般的 VaR 值计算式为：

$$VaR=V_0K(\alpha)\delta$$

$K(\alpha)$ 表示在置信区间 $[1-\alpha]$ 和特定分布之下的临界值，可以查特定概率分布表得到。

方差与协方差法将历史模拟法离散的数据转化连续的概率分布，在一定程度上克服了历史模拟法对个别数据的依赖，使其对

VaR 值的计算具有一般性和适用性，但 *VaR* 的计算本质上仍完全依赖于某个历史持有期的样本空间，仍要求历史具有统计外推性。

③蒙特卡罗法。蒙特卡罗的计算方法更为复杂，它不仅基于历史数据的数字特征，而且需要模拟大量的资产组合收益的数据，插入历史数据中，再计算出 *VaR* 值，可以看出这种方法对 *VaR* 计算加入了更多的随机性，在一定程度上减少了对历史外推性的要求。

可以看出这三种 *VaR* 值的计算方法本质和思路是相同的，不同的是数据收集和处理方法。目前应用最多的是方差—协方差法，J. P. Morgan 公司的 Risk Metrics 方法即是方差—协方差法的典型代表。事实上，国外大型的金融机构都有自己内部开发和使用的控制市场风险的 *VaR* 模型。

3. 返回测试和压力测试

（1）返回测试。监管机构要求金融机构对内部模型进行返回测试，是让金融机构比较实际发生的损失与内部 *VaR* 模型所预计的损失是否一致。具体操作是检验一年 250 个交易日内的损失超过每日 *VaR* 估计值的次数，根据次数的多少采取不同的调整措施：若在 1% 的置信区间下发生的次数为 0—4 次，则内部模型可以接受；若在 1% 的置信区间下发生的次数为 5—9 次，则计算出的 *VaR* 值需要乘以一个大于 3 的附加因子；若在 1% 的置信区间下发生的次数为 10 次以上，则要求金融机构重新调整其内部模型。

（2）压力测试。*VaR* 模型是在给定的置信区间上分析问题，因此即使置信区间是 99%，也有 1% 的可能性出现实际发生损失的数值大于 *VaR* 值的情况。在一种极端不利的情况下，资产组合发生的损失可能是巨大的，甚至导致公司破产。因此，人们用压力测试来作为 *VaR* 的补充，评估在各种压力之下资产组合的损益。该方法要确定可能会发生的对资产组合极端不利的市场行为或变化，比如流动性的突然下降，意想不到的市场障碍、对手违约等。同时，还应当提出相应的调整头寸的建议，以应付特殊情况的突然发生，使得压力测试可以与 *VaR* 模型互相补充，这样不仅能有效地评估日常的风险程度，也能随机应变地将突发情况造成的损失控制在一定范围之内。

（二）信用风险模型

信用风险是交易对手违约给己方造成损失的风险。违约风险指交易对手违约的可能性，它与许多因素相关，如市场变动、交易对手的资本规模、管理水平等，很难直接测算，信用评级机构通用的信用评级可作参考。

信用风险是银行业面临的主要风险，也一直是国际金融监管的重点。初期信用风险管理仅仅是引入了部分数学方法和计算公式，诸如计算银行的资本充足比率、利率的期限结构等，但随着破产的结构性增加、抵押品价值的下降、表外衍生产品的成长，特别是市场风险度量技术的发展，信用风险模型也越来越复杂和精巧。

1.《巴塞尔协议》的资本充足比率

《巴塞尔协议》主要通过对不同的银行债务给予不同的信用风险权数的量化标准，核定贷款银行的资本金额，使其资本充足率不得低于协议规定的最低标准 8%，核心资本充足率不得低于 3%。

《巴塞尔协议》规定的资本充足比率是指资本对加权风险资产的比率：

资本充足率 = 资本额/风险资产额 = 资本额/ $\sum$ （资产额 × 风险权重）

核心资本充足率 = 核心资本额/风险资产额

协议对风险权数的划分十分简单，只有 5 个权数，即 0%、10%、20%、50%、100%，依次表示债权风险程度逐渐增大。此外，协议对资产负债表外的不同项目也给予了明确的信用换算系数。因此，银行面临的信贷风险都表现在资产充足率和核心资本充足率这两个比率上。正常运作的银行的这两个比率不能低于《巴塞尔协议》的最低标准 8% 和 3%。

《巴塞尔协议》将以往难以直接计量的信用风险用资本充足率和核心资本充足率这两个比率加以显现化和量化，迈出了信用风险管理量化的重要一步，为银行业自我评估和对银行业的监管提供了初步的量化管理工具。

巴塞尔标准最大的缺点在于：它要求所有对私人部门交易对手的贷款都受制于相同的8%的资本准备金率，而不管贷款的规模、到期日以及借款方的信用质量，后者是最为重要的。例如，向一家濒临破产的公司放款与向一家AAA级借款者放款所要求的资本充足率是一样的，这显然不合理。而且现行资本金要求是在全部贷款基础上加总得到的，不考虑资产组合多样化导致资本充足率要求降低的情况。事实上，对《巴塞尔协议》的不满激励了许多金融机构开发新的内部信用风险模型。

2. 信用风险期限结构模型

信用风险期限结构模型是以市场为基础进行估计信用风险的方法，它有两个基本假设：（1）贷款的信用风险是与借款者被信用评级机构评估的信用等级相对应的；（2）不同信用等级借款者贷款的收益与财政部发行的无风险收益的差幅反映了在未来不同时期对借款者可预期的信用风险（即由市场估价衡量的风险）。

假定 P 为某一年期公司债务包括本金和利息被全额偿付的概率，$(1-P)$是这一年期违约的概率，一年期国债利率为 i，公司债券的利率为 A，公司债券的利率为 k，则有：

$$P=\frac{1+i}{1+k}$$

假定时间 t 为当前第一年期，则 P'为本年履约的概率，k'为这一年期公司债券利率，即当年期公司债券利率 k_1，i'为这一年期国债利率，即等于当年期国债利率 i_1，则本年履约的概率为：

$$P'=\frac{1+i'}{1+k'}=\frac{1+i_1}{1+k_1}$$

所得 P'为反映市场估量的当年履约概率。

假定时间 t 为下一年，P''为未来一年（第二年）履约的概率，k''为公司债券预期的一年远期利率，i''为预期的国债一年远期利率，则：

$$P''=\frac{1+i''}{1+k''}$$

式中：i''和 k''按下式计算：

$$(1+i_2)^2=(1+i_1)\times(1+i'')$$

$$i''=\frac{(1+i_2)^2}{(1+i_1)}-1$$（i_2 为两年期国债的利率）

$$(1+k_2)^2=(1+k_1)\times(1+k'')$$

$$k''=\frac{(1+k_2)^2}{1+k_1}-1$$（k_2 为两年期公司债券的利率）

所得 P''即为反映市场估量的下一年预期借款人履约的概率。

同理，假定时间 t 为第三年，P'''为第三年履约的概率，k'''为预期第三年的公司债务的一年远期利率，i'''为预期第三年的一年远期利率，则：

$$P_1'''=\frac{1+i'''}{1+k'''}$$

式中：

i'''：$(1+i_3)^3=(1+i_1)\times(1+i'')\times(1+i''')$

（i_3 为三年期国债利率）

k'''：$(1+k_1)^3=(1+k_1)\times(1+k'')\times(1+k''')$

（k_3 为三年期公司债券利率）

同理，可以据此推导出整个期限结构中（比如 n 年）某等级公司债务未来一年内预期履约概率分别为 P'，P''，P'''，P^n，继而可以得到这笔贷款在这段时间违约的总概率，即违约的累积概率 = $(1-P'\times P''\times\cdots\times P^n)$。

当然，这一信用风险期限结构模型是经过简化的。金融机构不会因为债务人违约而损失全部的本金和利息，它还可以收回部分款项，设 r 为违约时贷款本金和利息可收回的比例，则表达一段时期内贷款收益至少应等于同一时期无风险的国债收益的公式由：$P(1+k)=1+i$ 变为 $\gamma(1+P)(1+k)=P(1+k)=1+i$，每一期履约概率 P 的计算都应作类似的调整，才能正确反映债券收益与风险之间的关系。

这一模型的问题在于忽略了国债与公司债券流动性的差异，影响了模型的准确性。另外，这一模型一般用于计算某一笔具体贷款和债券业务的信用风险，要将其用作评估整个金融机构的大量贷款和证券业务信用的综合风险，中间还有很多工作要做。

3. Creditmetrics 模型（信用计量模型）

Creditmetrics 模型是 J. P. Morgan 公司继 *VaR* 方法逐渐成为度量市场风险的主流模型后，将 *VaR* 方法延伸到非交易性的贷款领域推出的用于量化信用风险的风险管理产品，该模型已引起了金融机构和监管当局的高度重视，是目前信用风险管理领域的重要量化工具。

（1）Creditmetrics 模型的基本理论。根据市场风险度量的 *VaR* 方法可知，计算一个资产组合的 *VaR* 值需要三方面的数据：①持有期长度；②置信区间的大小；③资产组合未来价值的概率分布。前两者是金融机构和监管当局确定的，而后者是根据历史和当前的交易数据获取的资产组合过去和现在的市场价值及其标准差推知的。由于大多数贷款是不可交易的，其当前和历史的交易数据都不存在，故贷款的市场价值和标准差不能直接得到，但可以利用违约贷款的回收率、贷款市场不同信用等级的贴现率、借款人的信用评级、下一年里评级变化的概率（评级转移矩阵）这四方面的数据，对任何非交易性贷款或贷款组合计算市场价值的概率分布。

（2）Creditmetrics 模型中 *VaR* 的计算。

①个别贷款。下面通过一个例子说明 Creditmetrics 模型的 *VaR* 的计算。

假设一家金融机构贷款给 BBB 级的借款人 1 亿美元，期限为 5 年，贷款利率为 6%。信用度量模型要回答如果下一年是个坏年份，这笔贷款会损失掉多少（见表 5－1）。

表 5 – 1　　评级转移矩阵和调整后的贷款价值

年末信用评级	BBB 级借款人一年内信用级别转移的概率（%）	第一年末相应信用级别上经贴现率调整后的价值（亿美元）
AAA	0.02	1.0937
AA	0.33	1.0919
A	5.95	1.0866
BBB	86.93	1.0755
BB	5.30	1.0202
B	1.17	0.9810
CCC	0.12	0.8364
违约	0.18	0.5113

资料来源：Creditmetrics 技术文档. J. P. Morgan，2009.

表中第二栏相当于贷款的评级转移矩阵的一列，表明第一年末该贷款转为各种不同信用级别的概率，第三栏是信用评级转移后经相应信用级别上贴现率调整后的贷款价值。实际上此栏的数据即提供了该 BBB 级贷款在第一年末贷款价值的实际分布。

接下来对 *VaR* 的计算有两种方法：一种假设该贷款价值呈正态分布，第二种基于贷款价值实际分布。*VaR* 的具体计算由表 5 – 2 实现。

表 5 – 2　　BBB 级贷款的 *VaR* 值的计算（基准点是贷款的均值）

年末信用评级	状态的概率（%）	新贷款价值加利息（亿美元）	概率加权的价值（亿美元）	价值偏离均值的差异（亿美元）	概率加权差异的平方
AA	0.02	1.0937	0.0002	0.0228	0.0010
AA	0.33	1.0919	0.0036	0.0210	0.0146
A	5.95	1.0866	0.0647	0.0157	0.1474
BBB	86.93	1.0755	0.9349	0.0046	0.1853
BB	5.30	1.0202	0.0541	– 0.0506	1.3592
B	1.17	0.9810	0.0115	– 0.0899	0.9446
CCC	0.12	0.8364	0.0110	– 0.2345	0.6598
违约	0.18	0.5113	0.0009	– 0.0559	5.6358
			1.0709 = 均值		8.9477 = 价值方差

资料来源：Creditmetric6 技术文档. J. P. Morgan，2009.

σ = 标准差 = 299 万美元

假设正态分布：5% 的 $VaR = 1.65 \times \sigma = 493$ 万美元

1% 的 $VaR = 3.33 \times \sigma = 697$ 万美元（计算同市场风险管理的 VaR 方法）

按照实际的分布：5% 的 $VaR = 1.0709 - 1.0202 = 0.0507$（亿美元）

1% 的 $VaR = 1.0709 - 0.9810 = 0.0899$（亿美元）

按照实际分布计算时，最接近 5% 的 VaR 近似地由 6.77% 的 VaR 给出（也就是 0.18% +0.12% +1.17% +5.3%），最接近 1% 的 VaR 近似地由 1.47% 的 VaR 给出（也就是 0.18% +0.12% +1.17%）。

由表 5-2 可知，假如贷款价值是正态分布的，在持有期为 1 年、置信度为 95% 的条件下，该贷款的最大损失为 493 万美元；在持有期为 1 年，置信度为 99% 条件下，贷款的最大损失为 697 万美元，但这有可能低估了贷款的实际 VaR，因为若以表 5-1 的第三栏作图，可发现贷款价值的实际分布明显不是正态的，而是有偏的。如果根据表中贷款价值和概率的实际分布，可知在显著性水平为 6.77% 下，贷款损失为 507 万美元，也可将这一数值近似看作置信度为 95% 下的 VaR 值；同样在显著水平为 1.47% 下，贷款损失为 899 万美元，这一数值也可近似看作置信度为 99% 的 VaR 值。

②贷款组合。贷款组合或整个金融机构的信用风险 VaR 值的计算与个别贷款思路完全相同，只不过表 5-1 中概率数值变成了一个评级转移矩阵，可以利用其求出贷款组合中每一笔贷款市场价值的概率分布，再利用资产组合价值理论中的方法，求出整个资产组合的价值的概率分布，再用同样的方法计算 VaR 值。

与度量市场风险的 VaR 模型一样，Creditmetric 模型也可进行返回测试和压力测试。

（三）金融风险管理模型在我国

目前，我国金融机构和监管机构对金融风险的管理还处于简单定量的阶段，比如通过计算金融机构的资本充足率和核心资本充足率以及其他一些比例关系，参照《巴塞尔协议》标准以及其他通行的比例标准，考察金融机构在市场风险、信用风险、流动性风险和操作风险方面是否已经进入临界状态，然后采取措施加以防范和调整。一般很少采用上述金融风险评估模型。从定量的角度看，管理还比较粗糙。

目前比较流行的几种风险评估模型，包括市场风险管理 *VaR* 模型、信用风险管理 Creditmetric 模型，短期内在我国应用的可能性和适用性各不相同。

从应用的可能性看，市场风险管理 *VaR* 模型具备了较充分的条件；各种资产和资产组合的 10 年、20 年交易的历史数据是可以得到的，可由此计算出相应持有期、置信度下，某项资产组合和某个金融机构的市场风险的 *VaR* 值。但这样计算出的 *VaR* 值也不能较充分准确地反映我国金融机构面对的市场风险程度，因为我国至今未实行完全市场化的利率和完全自由浮动的汇率，而无风险国债利率这一风险因子是证券、股票等各种信用工具市场收益的参照，与其他风险因子的变化也密切相关。由于利率、汇率和其他的风险因子的变化不能及时准确反映市场上各种信息和所发生的信用事件，而风险因子影响各种信用工具收益和风险的传导机制也不健全，故各种资产和资产组合交易的历史数据也就不能包含充分的风险和收益信息，故由此计算出的 *VaR* 值准确性和适用性被打了很大的折扣。衡量信用风险的 Creditmetrics 模型当前在我国应用面还较窄，因为我国大多数企业都没有参与国际公认的信用评估机构的信用评级，不存在评级转换矩阵，所以限制了 Creditmerics 模型在我国的应用。

我国经济已逐步融入全球一体化，我国金融业必将更加自由和开放，所面临的风险也不断加大，目前采用的定性和初步定量的金融风险管理方法将越来越不能适应今后风险管理的要求，金融风险评估和管理的定量化和模型化是必然的趋势，现在就应采取措施积极予以推动，包括：（1）在以前指标体系和比例计算基础上自行开发一些简单的金融风险评估模型，或者根据我国目前能够得到的数据和具体金融变量的概率分布特征，简化或修改国外比较成熟的模型应用于处于急剧变革中的我国金融业。（2）金融风险管理现代模型的应用不能消极等待，而应当随着利率市场化和汇率浮动程度的提高，以及其他方面改革的推进，逐步扩大金融风险管理现代模型的应用。当前，上市公司虽然在企业总数中所占比重低，但在产出总值和信贷总量中占的比重却并不低，完全可以对这些公司的信用风险运用 Creditmetrics 模型予以估测。为此，要积极开展相应的人才培训和数据库建设工作。这不仅有利于提高当前风险管理水平，而且更重要的是可以为以后的普遍运用准备条件和积累经验。

二、金融预警模型

（一）金融预警模型的基本思想

金融预警模型的建立和有效运作是建立在正确理解金融危机发生原因和形成机理的经济理论基础上的。依据对金融危机形成的不同理论解释，所选择的指标体系不同，而且对典型金融危机的样本、时间段的选择都有差异，就形成不同的金融危机预警模型。当然，不同的模型预测的金融危机类型也不相同。

目前比较有代表性的金融预警模型，有 KLM 货币危机模型、D&D 银行业危机模型、IMF 货币危机风险系数模型。我国近年对金融危机宏观预测模型也做了一些探索。

（二）金融预警模型的形式

1. KLM 模型[①]

KLM 模型是由 Graciela Kaminsky，Saul Li Condo 和 Carmen M. Reinhart 发展的货币危机预测模型，旨在通过一系列指标在货币危机前后的变动规律来预测货币危机的发生。

该模型的样本是 1975 年至 1997 年发达国家和新兴市场国家经历的 50 次较大的货币危机，选择的指标包括：本币实际汇率、外汇储备额、出口额、贸易差额、产出、股市指数、通货膨胀率、M_2/官方储备、名义 M_2、实际 M_2、私人部门名义信贷总额及 M_2/M_1 等 12 个指标，观察期为危机爆发当月和前后 24 个月，共 49 个月，称为“波动期”，而将 1975 年 1 月至 1997 年 12 月间除这 49 个月以外所有的月份称为“平静期”。

KLM 的数据处理方法是分别对 12 个指标中的每个指标，取危机波及国家的数据，求出该项指标在“波动期”相对于“平静期”的变化趋势，如此反复 50 次（对 50 次危机照此办理），据此画出该项指标所有国家的变化趋势图，从中总结出该项指标的预警规则。由于该预警模型有 12 个指标，由上述过程得到 12 条指标预警规则（12 个阀值）。

例如，某国 A 项指标在“波动期”相对于“平静期”的变化趋势图，做法如下：

求出“波动期”每个月 A 指标值相对于 v 的变化率 $v = \frac{V_t - \overline{V}}{\overline{V}}$（$V_t$ 为第 t 月的 A 指标值）

将“波动期”内每个月 A 指标的变化率 ν 绘在一个坐标系内，形成“波动期”A 指标的波动曲线，（月份 t 为横坐标，变化率 ν 为

① 肖文，林娜．国外金融危机预测模型评价．经济科学，2009（1）。

纵坐标)，如图 5 -1 所示，其中 *M* 点表示在货币危机前第 20 个月时 A 指标值相对于平静期平均水平上升 8%。

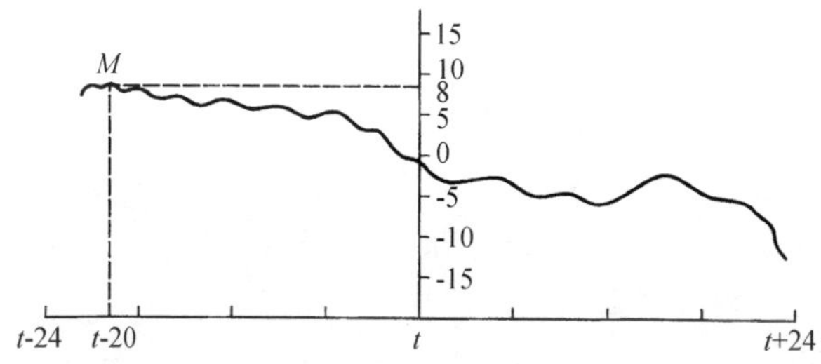

图 5 -1　KLM 模型示意 ①

根据 50 次危机的数据，作出 50 个这种变化趋势图。

将 50 次危机波动曲线叠加，可得 A 指标在 50 次货币危机前后总的变动趋势，并据此总结出 A 指标的预警规则，例如“本币实际汇率连续 12 个月高于历史平均水平 10%”，即是关于本币实际汇率的预警规则（阀值）。

分别对 12 个指标做同样的工作，得到 12 条预警规则。

预测者只需每月计算上述 12 条指标值，并将指标的走势与 12 条预警规则对照，即知有哪些指标处于预警状态，然后按照处于预警状态的预警指标的多寡来推断货币危机的发生概率。

该模型的应用存在两个重要问题：历史是否具有可重复性，以前 50 次危机总结出的预警规则是否适用于下一次危机；12 个指标中到底有多少指标进入预警状态才预示金融危机的到来，并无定论，需依靠其他信息和经验做主观判断。

2. Demirgic 和 Detragiache 模型（D - D 模型）

该模型主要用于预测银行业危机，样本选取与 KLM 模型类似，不同之处在于观察期为危机爆发当月和前后 36 个月，共 73 个月。

① 肖文，林娜．国外金融危机预测模型评价．经济科学，2009（1）。

由于该模型侧重于预测银行业危机，故指标体系选取也有不同，一般包括 GDP、投资/GDP、财政收支差额、年通胀率、M_2/M_1 等 12 个指标，而模型的构建和数据处理方法与 KLM 模型基本相同，不再赘述。

3. IMF 货币危机风险系数模型

该模型是 IMF 于 1998 年发展的，主要用于预测新兴市场国家货币危机的模型。该模型指标选取少，计算方法简单，可操作性较强。样本国只选取了泰国、马来西亚、印尼、菲律宾、新加坡和韩国六国，统计指标只选取了本币实际利率、信用总额、M_2/外汇储备三个指标，观察期为 1993 年 1 月到 1997 年 12 月。IMF 之所以只选三个指标的原因有三：第一，其他指标的变动与危机发生的相关性证明缺乏统计基础；第二，预测模型应提前相当长的时间对危机报警，但许多其他指标往往不能即时获得，使系统提前报警受到限制；第三，众多的指标具有不同的收集途径和公布频率，往往不可能在一个月内获得所有必需的数据输入模型进行处理。

按此模型，某国特定时期（t 期）的风险系数是这样计算的：

（1）计算三个指标每个指标在观察期内的平均值；

（2）计算 t 期每个指标相对于平均值的方差；

（3）计算这三个指标的方差的加权平均数（权数由这三个指标在同期的标准差倒数比决定），而这个加权平均数即为该国在 t 期的风险系数。

当然风险系数作为一个综合指标，其上升和下降体现了金融风险程度的上升和下降，而它一旦突破了对比平均期风险系数设定的阀值后，它就发出了金融预警的信号。

风险系数模型通过一个具体数值来指示风险大小，不仅便利，可操作性强，而且选择的指标虽少但却具有本质性，预测的准确性高，具有较强的实际应用价值，当然适用范围是新兴市场国家。

（三）金融预警模型在我国的应用

1. 我国构建宏观金融预警模型的尝试

我国的宏观金融预警模型的出发点：金融危机发生的原因是多方面、多层次的，预警模型的构建试图全面监控宏观经济和金融体系运行的状况，防范和化解各种类型的金融危机。金融机构的风险和货币危机的风险是金融危机爆发的直接原因，而宏观经济状况的恶化，如通货膨胀、高财政赤字、经济衰退，则是危机发生的潜在的深层次原因，这两者通过改变市场参与者的预期和行为而相互作用。

因此，宏观金融预警模型应由金融机构、宏观经济、市场这三个层次的运行指标构成。虽然体系结构类似，但不同研究者选取指标的数目、具体指标差异很大，出于我国整个金融运行和经济运行都面临与国际接轨的考虑，比较具有代表性的是中国人民银行国际司何建雄根据国际基金组织提出的三个层次的指标框架①，结合我国情况提出的金融风险预警指标体系框架，其中无论是框架，还是选取的具体指标都比较规范，便于国际比较。

这一框架由三个层次的审慎指标构成，其指标体系构成如表 5－3 所示（部分指标选取作了修改）。可以看出，这三个层次指标不是同质指标，很难对它们作统一的数据处理。只有综合微观审慎指标下各指标基本上同质，可以将现有的国际国内监管准则中各指标的最低标准值的预警系数定为 0，将金融机构濒临破产倒闭边缘的指标值的预警系数定为 1（以本国和其他国家的历史数据作依据），这样可以求出资本充足率、资产流动性、资产质量和利润四个子系统的综合预警系数。计算方法为：首先，在确定各子系统每个基本指标的权数的基础上加权求和，其中关键指标的权数应赋予较大的值；其次，根据已计算出的各子系统的综合预警系数，

① 何建雄．建立金融安全预警系统：指标框架与运作机制，金融研究，2008（2）．

再对它们进行加权求和，以得到金融机构营运状况预警总系数。根据这一总系数在［0，1］中的位置即可知道目前金融机构的风险状况。

表 5－3　　　　金融安全预警系统指标框架[①]

指标	分项指标	监管标准
一、基础指标：综合微观审慎		
资本充足率指标	风险加权资本充足率 资本/总资产 核心资本充足率	8% 3% 4%
资产流动性指标	资产流动性比例 存贷比例 存款准备金比例 备付金比例	25% 75% 6% 5%
资产质量指标	呆账贷款率 呆滞贷款率 逾期贷款率	2% 5% 8%
盈利与利润指标	资产回报率 权益回报率 收入与支出之比 收入结构	

① 何建雄．建立金融安全预警系统：指标框架与运作机制．金融研究，2008（2）．

续表

指标	分项指标	监管标准
二、市场指标：中间指标		
	金融机构发行的证券（股票和债券等）价格的变化	
	金融机构债务工具收益率	
	信用评级及其变化	
三、宏观审慎指标：先行指标		
经济增长率	（1）增长速度 （2）增长率波动幅度 （3）部门间增长差距	
国际收支指标	经常账户逆差	
	国际储备： 与进口付汇之比 与短期外债（包括私人部门）之比 与广义货币之比	
	外债指标： （1）总量： a. 外债总量与出口之比 b. 年度还本付息与出口之比 c. 与 GDP 之比 （2）期限和币种构成： a. 期限结构 b. 币种构成	

续表

指标	分项指标	监管标准
	流出入资本的构成和期限结构： (1) 按工具：直接/证券投资 (2) 按债务人：官方/私人 (3) 按债权机构：银行/高杠杆机构 (4) 按期限：长/短	
通货膨胀	(1) 通胀率 (2) 通胀率波动性	
利率与汇率	(1) 利率水平 (2) 汇率水平 (3) 波动性	
贷款规模	(1) M2与基础货币之比 (2) 国内信贷与GDP之比	
资产价格变化	(1) 大盘 (2) 板块	
外部冲击的可能性	主要伙伴国和出口竞争国货币贬值、经济衰退、股市动荡、利率波动	
金融自由化和对外开放的负面影响	机构进入过于集中；对外资银行业务开放过快；在金融体系不稳健的情况下开放资本账户；在财务约束不力的情况下放开利率；等等	

这一庞大的三层次的金融预警指标框架体系的建立和运作，不可能只靠一个机构或一个部门，而要依靠各个金融机构、金融监管部门和宏观经济管理部门的协调运作。要由各个机构和部门分工，负责对不同指标数据的收集整理及分析，及时发出预警并提出解决方案，最后由央行做出综合的预警和应对方案。

我国的宏观预警模型更恰当地说应该是一种宏观经济和金融运行的监控体系，它用于随时监控体系内的各项指标是否超越了警戒线，是否进入了危机的易发区，金融机构、监管体系和宏观经济管理部门据此采取各种手段和措施及时纠正和调整经济和金融的运行状态。但要求如此庞大的模型对金融危机是否发生、什么时候会发生做出明确的预测似乎不太现实。

2. 我国金融预警模型的改进

我国经过初步探索构建的金融危机宏观预警与监控模型，指标体系庞大，而且微观、市场、宏观这三个层次分属不同的机构、部门加以监测，要形成一个协调运作的有机整体难度也较大。这样的模型可以经过较长时间的努力，使其实际上建立起来，并逐渐臻于完善，以发挥其全面监控的长处。

IMF 提出的适合于新兴市场国家的风险系数模型简单且易于操作，其建模思路比较适合于我国构建宏观金融预警模型时借鉴。我国监管当局应每月计算当期的风险系数，一旦风险系数呈上升趋势，且突破一定阀值，则应采取有力措施防范和化解可能发生的金融危机。不过，指标的设置还可以依据我国金融潜在的风险爆发点、获取统计数据的可能性适当加以扩展，现阶段可考虑包括：风险加权资本充足率、呆滞贷款率、股指波动率、实际利率变动率、国际储备/短期外债、短期资本流入额/资本流入总额等。以后，这些指标可以随着金融经济体制与运行发生的重大变化加以调整。模型难点在于阀值的确定，由于我国只发生过隐性金融危机（如高呆账率发生时期），而没有显性金融危机的经历，指标阀值的设定，既要分析比较我国金融经济运行不同状态下的指标值，也要参考与我国情况较接近国家相关指标的阀值。

至于 KLM 和 D－D 模型适用性的关键在于选取的样本危机的特征和数量，只有预测的金融危机与样本危机的诱因、形成机理和特征有充分的相似性，预测才会比较准确。我国的经济体制正在努力与国际接轨，但目前仍具有较大的特殊性，比如，利率未市场化、资本账户未完全开放、证券市场规模偏小等，由于大的金融体制和环境的不同，金融危机的成因、机理、特征与大多数国家也不相同，故短期内 KLM 和 D－D 模型在我国适用性还不强。

（四）金融预警模型的评价和发展方向

由于金融危机爆发前都有一定的征兆，表现为某些经济指标的异常，如财政支出、货币供应的过分扩张，房地产及股市价格狂升，通货膨胀率或经济增长率迅速下降，不良资产率大幅上升等，具有一定的规律性。通过对历史数据进行较严密的数学统计处理，可以将这些规律显性化，从而在一定程度上预测和防范金融高风险和金融危机。但这些模型充分发挥作用的前提是作为其基础的经济危机理论充分完善和金融危机彼此类似的程度很高，即金融危机是简单重复的。

目前这两方面都不令人满意：金融危机显然不是简单重复的，20 世纪 80 年代拉美国家债务危机、1994 年墨西哥金融危机和 1997 年亚洲金融危机，其危机诱发的原因和形成的机制都具有不同的特征。同时，目前金融危机理论很不完善，其忽略的因素正发挥着越来越大的作用，如心理预期、恶意攻击等。实证表明，这些模型的预测效果并不理想。例如，KLM 模型在其选取的样本内检验效果很好，但在样本外检测，虽能提供有些价值的预测，但很不稳定。而且事前无人用 KLM 模型或其他模型预测出亚洲金融危机的爆发，事后用 KLM 对亚洲金融危机进行重新推算，结果是泰国实际危机指数排名第 1，用 KLM 方法预测却排名第 16，菲律宾实际排名第 8，预测却排名第 1，验证效果也不理想。IMF 风险系数模型是亚洲金融危机后专门以此次危机为样本建立的，1993—1997年六个样本国的风险系数确实大大增加，但该模型也未经受其他金融危机事前预测的检验。

总的来说，目前的金融危机预警模型虽然能显示一个国家应对危机的敏感性，但对危机预警的应用仍处于实验与探索阶段。它们在研究范式、理论基础、预警模式及判断标准方面都存在很大的局限性，未来金融预警模型的发展方向即是对这些局限的突破①。

1. 研究范式

目前的金融预警模型以线性范式为基础，它认为整个金融系统的正常运行、逐渐变化到发生危机都是遵从一定的规律的，只要从历史的数据中找到这些规律，就能预测和避免危机的发生。而且，这些模型往往认为危机发生的概率与预警变量线性相关，可以用线性回归方法来测定不同预警指标对金融危机的贡献。

但金融系统作为经济系统的重要组成成分，其运行本质上是非线性，也许危机的发生正是系统从简单走向混沌和复杂、由稳定走向混乱的分叉点，那么对以前规律的总结和外推不一定可靠。所以归纳历史数据建立的预警模型往往能很好地解释历史，却不能充分预测未来。

2. 理论基础

目前，金融危机发生的原因和形成机理的理论还不成熟，这直接影响了预警指标的筛选和预警规则的建立。很多指标的选择不是来自理论上的解释，而是来自对历史数据的统计分析，这存在三个差错的可能性：第一，由于蝴蝶效应的存在，可能误将一些非常微小的因素当作强烈相关的因素；第二，由于理论上的疏忽漏掉一些难以量化的因素，如人们的心理预期、公众心理的耦合度，这些对于金融系统、虚拟经济运行本身至关重要的因素被忽略不计，难免导致不小的误差；第三，金融危机模型正确预警的前提是预测危机

① 郭静．我国金融风险预警机制研究．郑州大学，2009。

发生的原因和形成机理必须与样本危机非常类似，而这一前提往往未必成立。

要解决这类问题应该加强理论研究，进一步弄清金融危机的形成机制，同时将非数量因素影响纳入模型方法的研究。在应用模型时，必须注意分析具体国家、具体时期的特殊矛盾，据此对模型计算结果乃至模型本身（如变量设置等）做必要调整。

3. 预警模式和判断准则

由于这些模型大都由相对较大的指标体系构成，而且诸指标之间数量关系微弱，难以形成一种类似 IMF 风险系数或 *VaR* 值那样的单一数值，直接据此预警。另外，不同的指标和指标组有不同的判断准则，到达阈值的指标的多寡往往只反映危机发生的大体概率，准确的预警概率阈值的判断往往又要根据其他的信息和个人的主观判断，其差异也是较大的，故这种金融预警模式的操作性和便利性较差，更为理想的模式仍应该是类似 *VaR* 模型那样的单一数值预警。

我国防范金融风险的对策建议

一、防范金融风险的财政政策建议

（一）进一步加强财政对金融体系的财务监管

金融财务监管是国家财政的一项重要职能。目前，我国金融行业分业经营的格局已经基本形成，银行业、保险业、证券业有着不同的行业特点，财务行为也存在一定的差异。为此，应区别行业相应完善财政财务监管。

1. 借鉴国外经验，完善财政财务监管制度，提高商业银行竞争力

综观国外的成功经验，它们都有一个较为健全的法律环境、一个较为宽松的经营环境和一套较为完善的政府管理制度。我们应当借鉴发达国家或发展中国家的成功经验，建立健全我国的法律制度，完善政府对国有商业银行的财政财务监管制度，最终使一切监管手段都落到有法可依的轨道上来，符合国际惯例，使我国商业银行的运行融入到金融全球化中去，参与国际竞争，并能立于不败之地。

一要借鉴国外银行业的财务制度，进一步完善我国商业银行的财务制度，使我国银行业的财务制度符合国际惯例，为提高我国商业银行的竞争力提供财务支持。一直以来，我国金融业的财务管理

制度是建立在计划经济基础上的财务观念，认为“摸得着、看得见”的财产才是真正的资产，往往对一些已经是“破铜烂铁”的资产还紧紧抓住不放，如对信贷资产的“一逾两呆”[①] 分类方法就是体现这样一种观念，而这在财务处理上往往就难以反映银行业本身的不良资产的真正数量，使本来已经是无法回收的贷款可能还列在优质资产的账目上，就会造成当发现问题时，可能已是到了无法挽回的地步。目前，我国已经按照国际通用的方法，实行了贷款五级分类，这为我国金融业公平地参与国际竞争又提供了一定的条件。但我国实行的贷款五级分类还很不完善，需要在进一步市场化的前提下加大改革的力度，完善我国的贷款五级分类方法，加强财务监管。另外，在财务制度上，包括国有独资商业银行的财务预算制度、费用专户管理制度、财务决算布置和决算审批制度、财务检查制度等要进一步进行市场化改革；对呆坏账准备金的提取比例和核销办法、对商业银行的应收应付利息和外汇业务的核算、对各种业务费用的支出、对分支机构的监管、贷款担保人或抵押资产的管理等等都必须参照国际规则，采取稳健原则，并采用国际通用的会计报表体系，定期向主管单位财政部提供符合要求的详细、客观的财务报表，财政部对其提供的材料进行审核，对有问题的商业银行除了作相应的材料公开外，还应采取切实可行的措施对问题银行或分支机构进行处理或惩罚，以防止金融风险的产生。

二要加强从“有法可依，违法必纠”着手，在现有法律法规基础上，参照《巴塞尔协议》和国际上通行做法，进一步完善我国金融业的法律法规，使我国在全面放开金融服务业后商业银行能熟练地、富有竞争力地参与国际竞争，并充满活力主动地融入到金融全球化浪潮中去。由于受市场条件的限制，我国正在执行的金融业相

---

① 1998 年以前，我国的商业银行一直按照财政部 1988 年金融保险企业财务制度的要求，把贷款划分为正常、逾期、呆滞、呆账，后三类，即“一逾两呆”合称为不良贷款。

关法律法规中的有关规定已经不能适应国际竞争，如金融业分业管理的规定就已经不能适应世界各国混业经营的潮流，并且会影响到我国银行业参与国际竞争。但由于我国金融业发展阶段的特殊性和我国的特殊国情，目前就实行混业经营恐怕还是有些仓卒，而应该依照国际惯例逐步放开经营范围，加强银行业、证券业和保险业之间的合作，到时机成熟时再全面放开业务范围，成立相应的混业经营企业，通过增加业务范围，提升银行的盈利能力。

三要适时改进运营模式，实行严格的经营责任制，建立科学、健全的内部监控指标体系，全面提高经营管理水平；强化资产质量管理，全面实行风险管理，严格考核风险资产的各项业务指标，提高信贷质量，科学反映其流动性和财务状况，建立科学有效的风险管理机制和资本金补充机制，使不良资产下降到10%以下，强化内部审计稽核等检查部门职能，建立“垂直、独立、科学、有效”的内部审核机制，增强各级分支行业务决策、运用的透明度；鼓励商业银行进行业务创新，凡是国家法律法规未明令禁止的不增加负债和或有负债的业务，国有商业银行都可以办理；鼓励银行、证券业和保险业在合适的业务领域、利益共享的基础之上，相互代理；提高国有商业银行现代化水平，争取在经营管理、电子付款、网络银行、资金调拨、信息咨询、支付清算、国际结算等方面达到国际先进水平。

2. 应对金融全球化，完善财政财务监管，促进保险公司的规范发展

第一，要借鉴其他发达国家较为通行的偿付能力和监管手段，加大对保险公司偿付能力的监管，保护被保险人的利益，增强投保人的信心。我国对保险公司的监管主要在条款和费率上，偿付能力的监管上还比较弱，主要借鉴英国的监管方式，偿付能力方面出台了专门的规定，现总结如下：一是保险公司的偿付能力考虑其资产状况及负债状况。二是对人身保险业务的最低偿付能力额度为以下两项之和：根据不同的投保时间以及投保金额按照相应的比例计算

偿付额度；按照相应的比例，在会计年度盘点核算时计算偿付额度。三是经过比较确定财产保险、短期人身保险业务的最低偿付能力额度：（1）近三年年均赔付额 7 000 万元以下部分的 26% 和 7 000 万元以上部分的 23% 。对经营期不满三年的保险公司采用第二项标准；（2）本会计年度根据经营情况扣除税费后人民币 1 亿元以上部分的 16% 和 1 亿元以下部分的 18% 。最后若保险公司不按照法律规定执行的，分别给予不同的处理办法，不存在主观恶意行为的给予警告处分，故意违规的，进行重点监管，并进行处罚，仍不改正的，对其进行直接管制等。通过上面的制度办法可以看出，在最低偿付能力的计算方法上更加合理，对保险公司的控制已经是严中放宽，并且在对保险公司偿付能力不足的处理方式上规定的重点监管和接管方法也更加符合法律的规定。但在保险公司管理规定本身还存在不足，我们借鉴的英国方式也是不完备的，并且国际上更为成熟科学的偿付能力监管方法如美国的风险资本 RBC 方法和先进流量测试法都未用到。因此，我们必须在发展我国保险业的同时进一步完善我国的偿付能力额度管理制度，并且参照美国的保险监管信息系统（IRIS）、财务分析和监督跟踪系统（FAST）以及其他国家较为成熟的做法，加紧修改完善相关的信息系统，提高对我国保险公司监管的公平性和公正性，确保信息渠道的畅通。

第二，借鉴国外保险公司成熟的财务制度，进一步完善我国保险公司的财务制度，使我国保险公司的财务制度符合国际惯例，为提供我国保险公司的国际竞争力提供财务上的支持。我国的保险公司基本上是国有资产，尤其四家国有独资保险公司，无论是资产规模还是在业务规模上，都占有绝对的地位，一旦出了问题将会摧毁我国的整个保险市场。根据我国保险公司的财务情况，对资本充足性、资本真实性、资产限制要求、负债真实性和损益真实性等内容必须进一步修正和完善。加强保险公司使用财务监管手段，如组织财务检查，加强会计师、精算师等专业人员监管等；改善财务报告和财务检查的手段和方法，建立电子化监管系统，实现与国际会计准则的接轨，提高信息管理的效率，充实监管机构的人才，提高监管人员的素质；对我国目前保险公司的资本补充要落实到位，以使资金规模与其业务规模相适应，避免因资金不足可能出现的经营风险；根据我国实际情况，参照国际做法，改善最低偿付能力的计算方法，确保保险公司对风险具有足够的赔偿能力，保证公司较高的置信度和良好的财务稳定性，若发现偿付力不足，可采取办理再保险、增加资本金、调整资产结构、停止部分业务或直接接管等补救措施，重新塑造保险企业的经营架构，改善其形象，促使正常业务的开展，发挥其在金融系统中应有的作用。保险企业应通过关注市场发展情况，拓展资金的使用渠道，保证资金运用的安全性、流动性和效益性，借鉴国际监管方式，加强对资金运用的监管，规定资金的流向，限制高风险投资的比例，力求保险资金在风险控制上安全有效，在运用方式上灵活合理，在效益上稳定可靠。

第三，我国保险公司的总资产截至2016年底是15万亿元，总保费收入是3万亿元，与发达国家相比还有差距。而资本对一家保险公司来讲是至关重要的，因为公司的资本较大，则意味着它的信誉较佳，它对于保险人赔付违约风险的可能性就较小，毕竟它拥有可以偿还赔付的缓冲资产。面对国际市场的冲击，我国保险公司如何来扩充资本，减少经营风险，提高国际竞争力是一个亟需解决的问题。尽管我国的保险公司主要是国有资产，但目前以至今后再依靠财政拨款来增加资本已不现实。根据国际上其他国家的通行做法，结合我国社会主义市场经济建设的国情和我国国有企业股份化改革的经验，加上我国的保险公司本身不像国有大银行的问题多，实行国有独资保险公司股份制改革，通过市场来增加保险公司的资本规模应该更为可行和有效。同时进一步完善其他股份制保险企业的组织架构，保证各个部门各司其职，有效运转，通过不断扩大经营规模，修炼内功，真正实行市场化经营，最终走向国际市场，参与国际保险市场的竞争。

此外，应加强保险监管法制化建设。从国外政府对保险业的监管实践可以知道，发达国家对保险业的监管已经实现了法制化，包括完善的立法和有力的执法。而我国，一方面，现存的法律法规远远不能适应市场的发展和开放的形势，迫切需要修改《保险法》等的有关内容，制定再保险管理规定、偿付能力具体标准、保险资产评估准则和财务资料公开办法等；另一方面，要彻底改变目前还存在的执法不严、有法不依的不规范市场状况，必须依靠一支高素质、高效率的执法队伍，可以借鉴国外的双重监管模式和国内保监会的监管体制，引进既熟悉国外相关法律又懂国内保险监管体系和相关法律法规的人才，使用国外的人才机制和培训机制，造就我国自己的高素质的保险监管队伍。

3. 完善财政对证券公司的监管，加强证券公司应对国际竞争的挑战

首先，要借鉴国外证券机构通行的财务制度，统一、完善我国证券公司的财务制度，使我国证券公司实施的财务制度与国际通行做法一致，为提高我国证券公司国际竞争力提供财务上的支持。《证券公司会计制度》出台以前，我国证券公司之间的财务会计信息缺乏可比性，而且同一证券公司的不同营业部执行的会计政策也不尽相同，在会计处理上各个公司的做法也各有特点，财务会计核算较为混乱。并且还有一些证券公司通过种种手段虚假做账逃避财政部门的监管，如账内弄虚作假使收支损益不实、账外经营来隐瞒利润以及会计报表不真实达到偷逃税收，这样，使国有股东的所有权虚置，直接造成国有资产流失。为保证国有资产的保值增值，提高证券公司的竞争力，必须加强监管，规范证券公司的财务报表的填写和上交时间，保证会计报表的填写的真实性、及时性和统一性，并在统一了我国证券公司的财务制度的基础上，按照资金管理要求的安全性、流动性和效益性原则，完善我国证券公司的财务制度。

其次，面对技术先进、资金雄厚、经营管理规范的外国证券机构，我国证券公司现有的国内垄断地位将很快被打破，为了在与国

外证券机构的竞争中处于不败的境地，我们必须加快对证券公司在资金规模、筹资渠道、业务范围、风险管理和内部控制机制方面的改革。

与国外证券机构相比，我国证券公司的法人治理机构还很不完善，无论是股权结构、董事会结构，还是激励约束机制都存在较大的差距。与国际上证券机构股权极为分散相比，我国股权结构是高度集中。如美国摩根斯坦利的机构投资者股东的持股比重为54%，这一部分股权分散在1 822个机构投资者手里，个人投资者在美国前十大投资银行中平均持股比例高达53.5%，第一大股东持股比重超过5%的在全美前五大投资银行中只有三家。而我国101家证券公司中，只有六家股份有限公司——中信证券、国泰君安证券、申银万国证券、广东证券、兴业证券和宏源证券的股东超过100人，其他95家属于有限责任公司并且股东都是在50人以下，我国银河证券公司只有财政部一个股东，这样不利于证券公司的健康发展。我们必须加快改革，实行股权分散化、股东类型多样化和股权的充分流动；改善董事会结构，增加董事会中外部董事成员人数，减少外部董事与股东单位的关联关系，发挥外部董事的作用；规范董事会对经理层的制约机制，进一步完善法人治理结构。

在资金运用风险管理方面，为加强风险防范，证券公司经营机构应调整业务结构，促进业务多元化。目前，我国证券公司业务范围较窄，主要业务是一级市场的承销业务和二级市场的经纪和自营业务。我国证券公司业务单一的状况，显然不利于有序竞争和服务质量的提高。因此，面临国外大券商步步逼近的情况，我们应该抓住目前证券业发展宏观环境的机遇，在完善传统三大业务的基础上，积极研究并开拓企业并购、资产证券化、项目融资、资产管理等金融业务，以个性化的增值服务为目标，如以利率、汇率、股指期货、期权等作为创新领域，不断进行服务和业务创新。

加强证券公司的风险管理和内部控制机制，防范证券公司的投资风险。证券市场是一个高风险高收益的市场，但每一个证券品种的风险和收益均有所不同。作为一个证券投资者必须讲究投资方法，利用投资组合理论来进行投资，选择不同类别、不同行业、不同时间和空间、不同企业的证券，以避免投资风险带来的投资损失。同时重视证券投资风险管理，利用证券投资种类管理、资产负债管理和企业内部的风险管理机制等方法来加强管理；并加强内部控制机制制度建设，避免一个人或一个部门的行为左右本公司的财务。

最后，应根据国际上通行的做法，加强对证券企业的监管，完善相关管理机制，防止违法投机行为的泛滥，规范发展我国的证券公司，保证我国能尽快适应国际惯例，参与国际竞争，并能更好地发展、壮大。

（二）完善财政注资推进金融改革

稳步推进金融企业股份制改造，建立现代企业制度，是国有金融机构的改革目标。这是完善我国金融体制的需要，也是防范和化解金融风险的重要举措。由于国有金融机构普遍存在资产质量不高，债务负担重等问题，依靠本身力量很难完成，需要国家给予适当资金支持。但是在国家财力有限、国有金融机构存在诸多缺陷的情况下，注资在一定程度上使金融风险转化为财政风险，加大了财政的负担，这就需要进一步完善财政注资改革，以有效防范金融风险。

1. 建立和健全商业银行资本补充机制

要从根本上降低国有独资商业银行面临的风险，适应《巴塞尔协议》日益提高的对商业银行监管的要求，就必须从多个方面进行努力，逐步建立和健全商业银行资本本身补充机制，通过多种途径使国有独资商业银行的资本不断得到补充：一是在必要时可考虑由国有独资商业银行发行一定数量的中长期金融债券作为附属资本的办法增加其资本金；二是进一步深化金融体制改革，努力促进国有独资商业银行实行稳健经营，改善资产质量和结构，严格控制和压缩风险资产规模；三是国有独资商业银行要加强经营管理，压缩各项费用开支和固定资产构建投资，改善内部经营环境，不断提高经济效益，通过自身资本积累来补充资本。

2. 继续探索新的注资途径充实商业银行资本

我国目前动用外汇储备注资于商业银行的做法没有先例可循，很少有国家采用这样的方法，但是，没有先例并不代表不能做。必须根据实际情况，来选择采取哪种方式解决国内商业银行的问题。比如，日本商业银行曾购买了大量日本上市公司股票，随着日本经济泡沫破裂，股市崩盘，这些股票的股价也大幅下跌，形成了商业银行的投资损失。为减轻商业银行的负担，日本央行相继从一些商业银行手中收购了部分股票，其实质作用也是为了增加商业银行的资本金。

因此，应根据国民经济走势、金融发展形势等，相机抉择来完成对商业银行的资金支持。当前有一种观点认为，由于财政部代行国务院国有资产管理职责，因此财政部应承担出资人责任向国有银行注资。这种说法有一定的道理，但是结合我国目前的财政状况来看，财力十分紧张，资金缺口较大，很难从预算中拨出专款支持金融改革。另一方面，为帮助银行业体系恢复健康，我国政府确实需要有所动作。根据商业银行现状，银行自行摆脱困境非常困难，继续拖延可能会导致不良贷款大幅增加、财务负担加重等问题，并影响金融机构和金融市场的长足发展，财政未来承担的风险更重。因此，应不拘泥于财政资金补充资本金的做法，可运用不同的政府机构资金完成同样的目的。

3. 加强注入资本运用的监督管理

政府对国有银行的注资不能够被其视为“免费午餐”。现在反思 1998 年国家注资商业银行 2 700 亿元的政策，政策出台时机应该说非常适时，但是从政策目的上来说，似乎并未起到应有的效果。注资以提高国有银行资本充足率为目的，但是几年来，国有商业银行的不良贷款增加并未有实质性的改变，即使在国家实行债转股剥离国有银行 1. 3 万亿元的不良资产后，新增不良贷款还是较多，国有银行新增利润全部用于核销不良贷款还是不够，仍存在较大的资金缺口。根据最近几年四大国有银行公布的不良贷款情况，再加上为了粉饰经营业绩而掩盖的不良贷款部分，如果严格按照国家财务制度的规定及时核销不良贷款，四大国有银行的资本充足率将大幅调低，远远达不到6%。因此，不能够无条件地向国有商业银行注资，必须做到责任与权利对称，否则国家的资金会“打水漂”。新的资本注入后，要对接收注资银行实行更加严格的外部监管和考核，确保新注入资本金的安全并获得合理回报。

（三）推动完善资产管理公司运行机制

组建金融资产管理公司是国务院为化解金融风险、支持国企改制脱困做出的重要决策。资产管理公司承担着不良资产的处置任务，处置结果的好坏不仅关系到金融风险能否及时得到释放，也直接关系到国家财政损失的大小，并对国家的财政风险产生一定影响。从目前来看，在成立十多年的时间里，四家资产管理公司不断加快处置速度，探索有效处置方式，资产处置工作取得阶段性成果，资产公司基本实现了最大限度保全资产、减少损失的经营目标。但是，资产管理公司也存在一些问题，需要进一步通过改革得到完善。

1. 资产管理公司对于防范金融风险的重要性

（1）商业银行风险主要表现为外部风险。从理论上说，金融风险的外延是很大的，但从防范和化解金融风险的角度来看，真正会给我国经济和金融业带来威胁的金融风险主要来源于国有商业银行。因此，防范和化解金融风险应以国有商业银行为重心。

从逻辑上看，银行风险可分为内部风险和外部风险。防范银行风险的重心，取决于一定时期银行风险的来源。目前，国有商业银行的风险主要表现在大量的不良资产上，其原因主要包括：一是政府越位干预企业经营所形成的不良资产；二是国有银行代行政府职能所形成的不良资产（信贷资金财政化的结果）；三是金融开放过程中，由于银行内部信贷机制不完善，加上外部监管松懈，银行资金大量流向房地产、股票市场、自办经济实体等泡沫经济领域，而在泡沫经济破灭以后很快形成了大量不良资产；四是企业本身经营机制和管理体制不适应市场经济的需求，经济效益不好，贷款难以归还，形成银行的不良贷款。从引致不良资产的原因看，国有银行的不良资产绝大部分是由外部因素引起的。在这种情况下，由于存在大量外部因素，银行自我完善和强化经营机制的空间十分有限。因此，防范银行风险的重心应放在商业银行外部。

（2）资产管理公司对于防范商业银行风险的战略意义。2000年，国家决定成立资产管理公司，专门负责不良资产的处置。这是国家为防范和化解金融风险出台的重大决策。资产管理公司的使命不仅仅局限于收购、管理和处置国有商业银行剥离的不良资产，最大限度地保全资产，减少损失；而且还负担另外一个同样重要的使命，就是运用资产证券化、债权转股权、转让及销售、资产置换等市场化债权重组手段，实现对负债企业的重组，推动大中型国有企业转变经营机制、优化资本结构、建立现代企业制度、实现改革与脱困这个具有重要意义的目标。具体地，资产管理公司将在以下几个方面发挥积极作用：

第一，有效防范和化解金融风险，促进我国金融体制改革，实现金融业的健康发展。资产管理公司通过购买国有银行的不良资产，将其从国有商业银行中剥离出来，切断了不良贷款和新发生贷款的联系，防止不良贷款的传染和蔓延。同时，也减轻了国有商业银行的包袱，使得国有商业银行的不良贷款比例下降，资产结构得到改善，资信程度提高，以尽快改造成符合国际标准的银行。此外，也缓解了财政的压力，避免了对宏观经济的负面影响。

第二，减轻国有企业压力，促进国有企业改制。资产管理公司通过债权转股权等方式，可以解决国有企业资产负债率过高、资本金不足的历史包袱，有助于实现国有企业扭亏为盈的目标，增强在国际市场的竞争力，除了少数必须关闭破产的企业进行清算外，大部分借款企业将可能获得再生，可以在一定程度上减轻失业等社会压力。同时通过重组、改革和加强管理，推进国有企业建立规范的现代企业制度，增强企业的自我约束能力，提高其经营管理水平，为国民经济持续健康发展打下坚实的基础。

第三，成立专门的资产管理公司按照国家相关政策规定对不良项目进行处理，通过不同企业的资产进行置换、不同企业的债务与股权进行转换等手段，最大限度保全资产，减少损失，从而有助于提高商业银行的不良贷款回收率，加快其回收进程。

第四，资产管理公司处置不良资产，促进了产权市场的发育，提高了资源配置的效率，促进了生产要素的合理流动，使得资本可以流向社会最需要的投资者手中，开辟了新的投资渠道，吸引社会资金进入投资领域，有利于实现扩大投资、拉动内需的宏观经济目标。

2. 完善资产管理公司运行机制的建议

随着金融市场体系的不断完善，资产管理公司的发展逐步进入正轨，但仍面临很多现实难题，应进一步完善资产管理公司运行机制，充分发挥资产管理公司作用，防范和化解金融风险，减轻财政压力。金融资产管理公司的运营模式的改进需要多方面的努力，如何才能够更好地满足现实发展的要求，才能更好地解决存在的问题，现将办法总结如下：

（1）明确资产管理公司发展方向。资产管理公司的发展方向应该是向商业化经营转型。之所以要实现商业化经营，主要原因有以下几个方面：一方面是公司在长时间的实践中，对处理不良资产业务流程、业务需要重点关注的问题等非常熟悉；另一方面，我国金融体系存在大量不良贷款，需要有专门机构对不良资产进行处置；还有，商业化运营可以保证监督机制的良好运行，防止企业职员利用职务之便谋取私利。

根据现在的市场状况，为了更好地发挥资产管理公司的作用，成功转型为商业化经营，需要从以下几个方面推进：

第一，要适当放权给资产管理公司。由于仍处于探索时期，资产管理公司的设立、营业范围都受到了严格的管制，经营自主能力不强，盈利能力受到较大的影响。应结合资产管理公司的调整机构的时机，明确其与监管部门的联系，适当增加经营管理权限，让其在经济发展中发挥更大的作用。

第二，要适当增加业务种类。现在，资产管理公司仅限于处理银行不良资产，业务单一，业务的连续性也不够强，发展的后劲明显不足。应当在其调结构的有利时机，对业务模式进行梳理，在国家法律允许的范围内适当增加业务种类，例如引入中小企业战略投资者、对各类企业的债务进行处理等等。

第三，应当将资产管理公司的商业化转型与债权处置目标考核结合起来。完成考核目标的资产管理公司可向商业化转型，进一步扩大业务范围；未完成考核目标的企业先不要开展结构调整工作，先不要扩大业务范围，以免盲目跟进，带来很多的后续问题，要认清企业发展的基本情况，集中精力处置好未处置完的不良资产，根据任务进度来研究转型问题。

（2）完善激励机制。企业要持续发展就必须向经济效益看齐，追逐利润也是企业存在的主要目标之一，对于企业的每一个成员，也都有相应的利益诉求，因此合理的激励办法能够提高企业职工的劳动积极性，能够促进企业更好的发展。由于存在信息不对称情况，若监督监管不到位，当职员可以通过较低的违法成本获取较大的个人利益的时候，往往就会出现违规操作情况。所以，为了避免个人侵占公司资源谋取个人私利，要建立有效的激励体系及监管体系。

第一，进一步完善资产管理公司的内控机制。建立完善的会计审查体系，对业务进行严格的审查。对于公司业务价格的合理性进行评估，保证每项业务交易均以公允价值进行。制定比较严厉、详细的处罚措施，加大对败德行为的打击力度。

第二，建立和贯彻落实债权处置回收目标责任考核制。为促进资产公司尽快完成资产处置任务，实现最大限度保全资产、减少损失的目标，防范道德风险，维护国家利益，应建立资产公司处置目标考核责任制。根据债权回收情况，充分考虑剩余债权的“冰棍效应”以及资产处置进度等因素，合理测算剩余债权的回收率。同时本着既要勤俭节约，又要保证业务正常开展的原则，核定各资产公司的费用。可依据资产公司截至2010年末的费用支出水平，核定2011至2013年的费用支出总量。在此基础上，对于完成考核目标的资产管理公司可以提取一定比例的奖励基金，未完成考核目标的资产管理公司可停止其开展委托和收购业务。通过目标考核责任制的激励约束来促进资产管理公司更好地发挥作用。

（3）改善资产管理公司的产权结构。资产管理公司能否很好地发展有两个方面需要重点关注。一方面是企业的产权结构是否明确，另一方面是利益主体方关系是否融洽。这两个方面是相互影响的，产权关系明确有助于利益主体关系和谐，利益主体和谐可以促进产权结构明确。国家也曾出台专门的文件进行说明，鼓励多种经济成份共同发展，只要符合国家的法律规定，可以积极引进外资进行发展。改善资产管理公司的产权结构，尽量不搞独资，真正落实责任主体。

第一，设立董事会作为常设决策机构。完善的企业组织架构，对企业风险的控制、运营效率的把控都会有非常显著的正向影响。因此可以通过设立董事会完善企业的管理制度。通过董事会对公司的决策进行审定处理，尽可能减少决策失误。董事会要对公司的经营状况及时进行关注，对发现的问题向股东进行说明，并寻找问题的解决方案，保证公司经营的顺利开展。对于董事会的成员要进行严格的筛选，确保成员具备履职能力。成立董事会机构可以对企业的运营机制优化，降低运营风险。

第二，对监事会应适当扩大其监督处罚的权限。现在我们国家对资产管理企业进行监督管理的部门有多家，存在执法的标准和力度不完全一致的情况，因此在未来监管部门进行整合势在必行，整合后有利于职能更好的发挥。当然应当适度扩大监管部门的权限，让其在监管中有自主处置权，能够更好地维护行业秩序。

首先，监管部门应该能够行使必要的惩罚权，对于资产管理公司出现以低于市场价处理资产等违规行为可以进行惩罚，惩罚手段可以有经济层面的，也可以有行政层面的，也可以多种手段并用。其次，监管部门应该具有业务检查权。若监管部门对资产管理公司的某项业务存在质疑，可以对公司的业务记录进行调看，也可以对业务关联方进行调查。最后，监管部门对资产管理公司的人事安排享有建议权。

（4）健全金融资产管理公司的法律规范。应当为资产管理公司的运作提供宽松的法律环境。如果没有相应的政策扶持，资产管理公司前进的动力会严重不足，前进的方向也会存在不确定性。通过制定相应的规范，企业开展业务有明确的法律依据，便于企业扩大经营规模，有利于其市场权利得到保证。

（四）增强财政体系防范风险的能力

1. 建立财政债务风险预警系统，加强对引发财政风险突发事件的防范措施

（1）建立中长期政府债务的预警机制和制定风险管理规定。从国际比较来看，很多国家制定了专门法律，对政府各部门以及各地方政府债务实行政府债务的预警和监测制度，并规定了一套完整的风险管理程序。为了防止地方政府债务转化为中央政府债务，以及财政担保的或有债务转为直接债务，现阶段应尽快研定地方政府债务风险控制线，将各地区的债务负担率及其他风险指标在政府内部进行通报，提示其风险程度，劝戒和约束地方政府举债行为，同时督促各省建立省以下各级政府债务预警系统。在政府债务风险管理方面，应当尽快制定几项规定，即：评估政府债务风险和损失的程序和方法；财政担保的程序、形式及监督；财政承担金融机构和国

有企业债务的范围和条件等等。

（2）建立和完善政府债务信息统计管理系统。在目前统计的我国政府的各类债务中，除了中央政府发行的内债和外债之外，地方政府自己借款或者因其担保产生的不良资产、财政应承担的社保基金缺口债务、财政可能承担的金融机构和国有企业的或有债务等，均没有完整、准确地纳入政府债务的统计范围，建立和完善政府债务信息统计管理系统将是一项亟待解决的基础性工作。建议在“金财工程”框架内加紧研究开发政府债务信息统计系统，按照权责发生制的要求，全面摸清政府债务余额，并根据年度新增债务额和到期债务额等编制政府债务收支计划，全面加强财政风险管理的基础性工作。在此基础上，建立政府债务风险管理报告制度。主要内容包括：一是重点汇编或有负债与隐性债务余额，并报告这些债务发生的法律依据；二是分析可能出现财政风险的范围和损失概率，并研究可能决定实际负债或成本的因素；三是预测可能要求政府偿付债务的时间范围。

（3）建立政府的偿债准备金制度。世界银行的研究表明，或有债务是对财政稳定威胁最大的风险隐患，为此，美国、新西兰和匈牙利等国均采取了建立偿债准备金制度等类似手段，对引发财政风险的突发性事件提前防范。或有债务在我国政府债务中占比极高，更应引起中央政府的高度重视，借鉴国外经验，建立偿债准备金制度是一个现实和理性的选择。偿债准备金是政府债务的备抵项目，如果或有债务实际发生，应首先从偿债准备金中支付，与企业呆坏账准备金的功能是一致的。从我国各级政府的财政状况分析，目前县、乡两级政府的财政普遍比较困难，一般不具备建立偿债准备金的条件。因此，偿债准备金制度应首先在中央、省级财政建立，应根据或有债务规模、经济发展速度和水平以及财政可能承担债务的概率建立相应准备，并纳入政府的年度财政预算。

2. 控制我国政府债务规模，防止财政风险进一步扩大

（1）加强对国债规模的管理和优化国债的期限结构。国债是政

府的直接显性债务，依法必须到期偿还。鉴于我国已经连续六年实施以增发国债为主的积极财政政策，国债的规模已经相当庞大，因此，对国债的管理应充分体现加强财政风险管理的要求。一是要改年初确定国债年度发行额为国债年度余额管理，根据经济发展和财政收入的增长水平合理确定国债总量；二是要允许财政部门根据财政收支运行的实际状况相机在余额控制内调整国债的发行时机和发行额，灵活运用国债政策工具，最大限度地避免财政资金的闲置和潜在风险；三是要充分利用目前市场利率较低的有利时机，多发行长期和超长期国债，适度发行短期国债，促使长、中、短期国债的合理配置，优化国债的期限结构，实现国债期限结构的多样化和均衡化，避免偿债期过于集中而加剧国债偿还风险的情况发生。

（2）通过优化财政支出结构严格控制财政赤字规模。减缓国债累积额增长的关键在于控制财政赤字水平，财政应该通过强化支出管理来控制赤字水平，包括进一步推进政府采购制度改革和零基预算管理，加强国库单一账户制度以及深化政府机构改革等。通过优化财政支出结构，提高财政支出效率，大力增收节支，保证国债的还本付息。

（3）有效遏制地方政府自行举借债务和违法担保的增长势头。尽管《预算法》、《担保法》已经对地方政府债务问题做了约束性规定，但地方政府自行举债现象仍然非常普遍。考虑到地方政府债务方面的矛盾和问题由来已久，为了避免造成社会震荡，影响经济的持续发展，中央不宜笼统采取“急刹车”式的解决办法，而应用“疏导”的办法加强对地方政府债务的管理。一是要规范和完善地方政府债务管理行为，严格要求地方政府公共预算不列赤字，坚决制止地方政府自行举债和担保行为；二是要针对目前县、乡级政府自行举借债务较重的问题，重点督促县乡政府严格执行地方政府不得举债或变相举债、不得为企业举债提供担保的规定；三是根据地方政府债务规模水平，中央财政应着力调控转贷的地区结构，对已进入“红灯区”地区的新增转贷类债务加以严格控制。

（4）建立符合市场经济要求的地方政府债务发行管理制度。为了从根本上规范管理地方政府的债务，应通过创立新的法律制度，在中央政府发债优先以及控制政府债务总体规模的前提下，赋予省级地方政府公债发行权。一是建立地方政府偿债能力和发债额度的评估制度，据此确定不同地区的举债额度；二是按现行法律规定，省级政府经国务院审批同意的发债规模和结构还应经省人大审议通过；三是规定省级政府发债的一级市场须限定为本省范围内，债券承销商必须是本省辖区内的金融机构，以形成市场投资人对地方政府的硬约束；四是要求发行建设债券的地方政府如实、定期公开披露建设项目的财务报告和专业评级机构对债券的信用评级，充分发挥市场公开监督和约束作用；五是建立省级政府信用评级制度，由专业评级机构对发债的省级政府进行信用评级，每年复评一次，强化对地方政府财政风险的监管。

（5）合理确定政府最终所应承担财政或有债务的界限。金融机构和国有企业的债务是我国财政风险的主要隐患，特别是国有金融机构资本金缺口较大、信贷不良资产数额庞大以及其他资产损失等问题，已经成为国内外研究机构判断我国财政风险过高的主要依据之一。从根本上说，解决这些债务问题，应立足于深化金融机构和国有企业改革，通过资本市场和其自身盈利逐步加以解决、消化。按照这个思路，对目前已经统计出来的财政或有负债，应在调查研究的基础上，大致确定一个财政与金融机构和国有企业的分担比例，合理确定财政承担的最大份额，控制财政或有债务负担的水平。

3. 重点加大养老保险制度的改革力度，进一步完善社会保障基金的征管制度

（1）通过调整和完善现行基本养老保险制度减少财政压力。一是要通过有步骤地扩大基本养老保险覆盖范围、核实基本养老保险缴费基数、加大基本养老保险费征缴和清理企业欠费的工作力度等，努力增加基本养老保险基金收入；二是要尽快取消缴费满 15

年后不再缴费即可支取基本养老金的规定，严格控制政策性提前退休范围，并适时提高职工法定退休年龄；三是要研究制定个人账户养老金按退休人员平均余命计发的办法，并加强基本养老保险统筹项目和计发标准的清理规范工作，尽快向统一的计发办法过渡，并进一步完善基本养老金调整机制。

（2）根据国情合理选择养老基金个人账户改革办法。对个人账户合理定位的关键问题在于保持空账运行的模式还是做实个人账户。比较前述两种测算结果，可以发现，实行“做实个人账户模式”，既要弥补巨额的统筹基金总量缺口，又要解决结构性缺口，而且个人账户基金也难以保证实现更高的投资回报。为了减轻个人账户资金缺口对财政的潜在压力，倾向于今后5—10年不在全国范围内进行做实个人账户的试点，但要对制度设计和运行机制加以完善，并研究解决基金缺口的资金渠道，同时，建议从个人账户的规模及其与企业年金的联系入手，研究远期做实个人账户的思路。

（3）加强社会保障资金的征收与支出管理。一是在认真总结目前已经实行税务机关征收社会保险费的16个地区实践经验的基础上，修订和完善《社会保险费征缴管理暂行条例》，明确单独由税务机关全面负责社会保险费的征缴管理，并赋予税务机关比照《中华人民共和国税收征收管理法》进行征收管理的权利；二是进一步强化社会保险费的征收管理，抓紧研究实行社会保险费改税的可行性，积极创造条件择机付诸实践；三是各级财政要加大调整财政支出结构的力度，提高社会保障支出占财政支出的比重，预算超收的财力（除保证法定支出外），将主要用于补充社会保障资金；四是完善社会保障基金财政专户管理制度，适时建立社会保障预算，逐步推广实施财政集中收缴和支付制度，取消收入户和支出户等中间环节，提高资金使用效率，杜绝挤占挪用社保资金现象。

4. 划清政府与国有企业、国有银行与国有企业的责任，逐步减少国有企业的财政或有债务风险

（1）通过推进国有企业制度创新强化风险管理意识。一是要完

善国有企业法人治理结构，积极推进国有企业的用人机制、分配机制、决策机制、管理机制和监督制约机制的创新，逐步把国有企业改造成现代公司制企业，建立一套管理科学的内控体系；二是进一步完善国有资产出资人制度，推进政企分开，建立起适应市场经济要求的国有资产管理、运营和监督体系，合理划分国有企业经营者与资产所有者之间的权责利关系，增强国有企业经营者对国有资产保值增值的责任；三是强化国有企业经营者的责任风险意识，切实解决国有企业领导人权力过大和国有企业决策、运行、监督各环节的机制缺失问题，从制度上杜绝国有企业乱投资、乱担保和会计信息失真等问题，防范道德风险引发财政风险的可能性；四是要建立起适应市场经济要求的国有企业内部议事规则和重大事项审批报告制度，强化职工代表大会的表决作用和国有企业的外部监管体系，从制度上强化国有企业经营者的风险责任意识，切实防范和控制财政风险。

（2）调整和完善国家支持国有企业改革的有关政策。国有企业改革是我国经济体制改革的核心，改革开放以来国家采取了一系列的政策措施。尤其是从 20 世纪末开始，国家实施了以兼并破产、下岗分流以及实现再就业工程为主要内容的改革举措，出台的政策包括按计划核销企业所欠国有银行的债务，由各级财政承担国有企业分离自办学校、医院等社会职能的经费、从破产企业的国拨土地转让费中首先支付职工的遣散费，以及分流人员进“职工再就业中心”并由财政承担大部分运行经费等一系列政策。应该说，这些政策对国有企业特别是国有大中型企业及时转变经营机制、扭亏为盈以及建立现代企业制度发挥了极其重要的作用。但从研究财政风险的角度来看，国有企业大量改革成本也因此转嫁到了国有银行和财政身上，是我国政府债务负担较重特别是或有负债规模较大的主要成因之一。目前我国国有企业改革已经取得了阶段性的成果，现代企业制度也已具雏型，今后国有企业的改革应以进一步完善现代企业制度，提高国有经济对整个国民经济的影响力、控制力为主，现行的国有企业改革政策有必要进行调整和完善。一是取消国家每年按计划核销国有企业所欠国有银行贷款的政策，建立由银行依据《商业银行法》和国家有关政策自主核销呆账的机制；二是关闭“职工再就业中心”这一过渡性机构，建立规范的企业用工和辞退机制，严格按照《公司法》的规定分配、处置破产企业的清算财产；三是有计划、有步骤地推进重要国有骨干企业主辅分离和剥离企业办社会工作，根据国家对教育、医疗等社会资源的区域规则政策，尽量采取关闭企业自办学校、医院等公益性单位的措施减轻企业和财政的负担。

（3）加强财政部门对国有企业经营风险的财务监管。非金融类国有企业的资产监管职能划转国资委后，财政部门仍应加强对国有资产的保值增值监管职责，重视国有企业财政或有债务风险的基本特点及其危害性，积极研究和采取有关政策措施，防范国有企业的财务风险转变成财政的现实风险。一是在原有国有企业财务快报指标体系的基础上，充实和完善可能引发财政或有债务风险的指标，提高分析和预警能力，增强国有企业财政或有债务风险透明度，防止或有隐性债务风险转化为财政的实际支付压力；二是加强国有资产收益管理，在努力盘活存量的同时采取切实措施防止国有资产流失，消除国有企业的亏损源，提高国有企业对财政的贡献度；三是合理运用包括财政贴息、资本金注入、研发投入、税收减免等财税政策，促进国民经济的持续快速健康发展，从源头上壮大国家财政实力。

二、防范金融风险的货币政策建议

（一）确立合理的货币政策目标

从经济学角度来看，货币政策的实施是为了达到既定的发展目标。具体包括保持经济持续健康发展，防止汇率波动范围过大，保证国家货币币值稳定，实现充分就业，保持国际收支失衡。全部实现既定目标是一种理想状态，当需要取舍时要根据具体的情况做出选择。当金融市场不确定性因素增加时，就要通过政策的调整保障经济的平稳发展，保持良好的就业水平，可以通过鼓励投资，扩大内需的办法来实现。

在商品价格没有出现涨幅超过预期的情况下，如果不注意排除风险因素，一旦出现问题常常会让经济发展停滞不前。货币政策的调整在较短的时间内往往难以发挥明显的正向作用，一旦政策执行，还非常有可能使经济状况更加恶化。因此政策制定及实施要考虑多方面的因素，制定合理的实施期限，若周期太短则容易出现考虑不全面的状况，周期太长，针对性往往会不强。另外在政策的制定过程中还要考虑经济系统的波动周期，因为金融体系中的风险因素若确实发挥作用，将和经济系统周期的波动产生联动效应，它们之间有着千丝万缕的关系。只有充分考虑这些细节，才能保证政策执行能够达到既定的效果。目前，货币政策调控机制的目的是缓解金融危机和保持良好的就业水平，由于经济系统本身固有的属性，货币政策虽然有助于实体经济的快速发展，但同样充足的资本供给也给物价持续大幅度上涨奠定了基础，这样会对困难群众的生活带来大的影响。如何既能保证良好的经济发展状态，又能规避金融市场的危机是一个世界性的难题。

亚洲金融危机过后两年，美国股市出现泡沫危机。为了解决危机，促进经济向好发展，美国经济政策部门大幅度降低利率水平，并且这样的利率水平维持近一年，这样的举措增加了市场的资本供应，对阻止经济持续下滑发挥了显著的作用。当然充足的资金供给也带来一些负面问题，例如企业贷款数量持续攀升，大量资金流向地产领域，催生了经济泡沫。面对经济不景气，单纯的利率政策往往不是最好的办法，这个时候应当首先确立想要实现的调控目的，然后综合使用政策工具，既达到促进经济发展的目标，也把政策执行产生的负面影响降到最低。

（二）完善货币政策工具

一般而言，货币政策作为逆周期调控手段，经常与财政政策搭配使用，发挥着重要作用。政策的效果与政策的实施也有直接的联系，再好的政策，如果实施不到位，也不可能有好的效果，因此货币政策在实施过程中要对发现的问题及时进行纠正，同时和其他的政策相互配合，以最终实现国家宏观调控的目标。但是，各种货币政策工具在发挥效力的时候，也可能会存在相互冲突的问题，这就要求政策执行部门灵活把握执行尺度，保证组合政策发挥最大的效果。

1. 完善公开市场操作手段的运用

（1）通过健全业务管理制度，拓展国债业务。第一，增加国债发行数量与种类。国债发行对于调节市场的货币供应数量具有重要的作用，因此要根据国家经济的发展情况适度增加国债的数量及其种类，合理分配短期与长期国债的组合，确保国债在经济发展中的积极作用。第二，要善于借鉴推广证券市场的实践经验，将证券市场覆盖面扩大，完善国债交易平台，促进国债交易市场的活跃。第三，加强各级金融机构在国债交易中的角色。中国人民银行可以指导商业银行增加对国债的持有。第四，开展多种形式的交易，促进整个大市场的繁荣。通过增加各级交易网点，增加柜台交易量。

（2）适度增加市场交易透明度。在西方发达国家，虽然市场化程度非常高，但为了经济的健康发展，政府也会对经济系统进行必要的行政干预。在金融市场，往往也需要政府的介入，这样才能保证整个系统处于公平公正的环境中。改革开放以来，我国开始实施市场经济体制，金融市场逐步发展起来，并开始对接国际市场，这对我们国家政策的制定更多的考虑市场因素提出了要求，只有这样才能更好地处理国际业务，实现跨越性的发展。所以，整个市场制度的制定，市场体系的完善要更加细致进行，通过合理的制度促使整个市场活动更加透明，保证市场运行更加有效率。

(3) 从美国治理金融危机采用的货币政策来看，合理的政策组合能够有效阻止危机的蔓延。所以，在我们国家也要大力提倡金融创新，通过创新来完善优化业务模式，促进整个市场向好发展。公开市场业务需要重点关注市场的发展趋势以及具体运作模式，另外合理的进度安排以及恰当的品种选择有利于既定目标的实现。

鉴于该项业务自身的属性，业务是在银行的管理机构与其他市场主体之间开展的，如果商业银行不参与该项业务，那么央行的运作就无法实现。央行调整金融市场的货币供应量的目标也不容易达到。由于货币政策具有积极的和紧缩的两种，在不同的政策背景下，业务开展的效果有差异，前一种的效果不如后一种的好。总体来说，公开市场业务直接影响了市场资金的供给量的大小。如果不是资金的数量因素导致的危机，那么仅采用此工具进行处理，很难解决问题。金融危机的发生对我国实体企业的冲击较大，这与我国经济的发展现状有着直接的关系，过分依赖国外市场，产品内需严重不足，使得很多中小企业面对金融危机显得特别脆弱，倒闭潮大规模发生。危机发生后，中小企业很难从金融机构贷到款，单纯地依靠公开市场业务增加货币供给量已不能很好解决问题，这个时候要通过贷款政策等其他工具综合应用来化解危机。

2. 完善再贴现货币政策的运用

第一，有效整合再贴现率的运作机制，不断提升其市场化程度与运作效率。在对再贴现利率的界定当中，应当将其视为一种基准利率，并在市场运行机制当中真实有效地体现资金的供求变化。但由于该利率未能有效实现与其他利率水平的同步波动，因此在很大程度上就不具备真实客观反映货币总体状况的特性，进而无法实现与多种利率的协调一致。从这个意义上来讲，对于再贴现利率的波动应当充分考虑市场的现实供求状况，并在此基础之上有效联系其他子市场的资金运行状况，并在这些综合因素的作用之下，有效保证再贴现利率运行机制的全面实现。在这一进程当中，也应当充分关注以下几点问题：首先是应该有效提升这一要素的弹性。充分考虑市场现实状况，有效联系其他子市场的资金运行状况，完善再贴现利率运行机制，充分发挥市场资金运行风向标的作用，进而将管理部门的政策意图有效落实。在此基础之上，注重控制再贴现利率水平不得低于同业拆借，并以此有效控制央行市场资金借贷行为的借贷成本，促进各类商业银行的同业借贷行为，最终保证央行市场资金管理与借贷的最后屏障作用。与此同时，应当注重建立再贴现利率差别化的运行机制，具体问题具体分析，根据不同行业的发展状况以及当时的经济整体规模与水平，制定有针对性的利率政策，以此保障市场要素能够有效发挥自身的调节作用。

第二，有效实现融资工具的全方位发展与提升。结合我国当前的管理实践，融资票据主要集中于银行承兑，并在时间限制上不得多于半年，进而未能有效实现票据管理的多元化。面对这一发展现状，应当加大商业票据的发展力度，并在此基础之上，加强各类金融系统本票的贴现与再贴现，并针对一些资金运转顺畅的借贷主体推行商业承兑汇票，进而将融资模式进一步深化。

（三）疏通货币政策传导机制

通过前文的分析不难看出，货币政策传导机制的运行状况应当在市场发展的实践当中得到检验，结合此次的金融危机，笔者可以得出下述结论，即传导机制难以有效发挥作用时，会严重影响到经济发展状况，而另一方面，如果传导机制在运行过程当中难以落到实处，也会严重影响到市场信心。在此基础之上，能否切实增强货币传导机制的有效性，关系到我国整体经济政策的发展与改革实践。在这个意义上来讲，应当针对如何完善该机制进行深入探究，以不断提升我国经济政策的实施效果。在具体的改进过程当中，应当着力于提升市场机制的执行力度，并将各类货币政策机制化与长效化，遵循市场改革的循序渐进原则，有效协调宏观经济政策与企业的具体管理实践。在当前的发展形势之下，现行政策的基础仍是货币供应量，在调控模式当中货币数量成为了决定性因素。然而结合国际先进发展经验，应当将利率调控机制引入管理过程，并最终建立起以央行为基础的管理体系，通过货币市场与各类商业银行等金融机构的有效介入，最终为多种市场主体提供必要的资金支持，确保市场机制发挥良性作用。

1. 加强商业银行在货币政策传导机制中的作用

在市场机制的运行过程当中，商业银行作为有效中介，发挥着连接央行与各类经济主体的现实作用，并在很大程度上影响到货币政策的运行效果。正因如此，应当切实加强该类金融机构在政策传导过程中的基础性作用。第一，有效落实其体制改革，加强利润考核，控制运营成本，为广大借贷主体提供现代化的金融服务。第二，形成支持经济增长与防范金融风险并存的信贷制度。有效引入市场竞争机制，全面落实现代化管理制度，加强不确定性因素的有效控制。第三，建立健全风险管控机制，明确奖惩措施。不断加强对于企业经营绩效的客观考核，并将其作为评定企业经营状况的重要因素。第四，加强中小型金融机构的保障机制落实力度。在我国当前的货币市场运行中，公众的存款取向通常倾向于各类大型金融机构，究其原因，主要是由于其他的中小型金融机构难以建立公众信心，进而无法吸纳更多存款。而这种存款取向在深层次中体现出公众信心的严重不足，如果不能及时解决，将会最终影响到市场机制的良性运作。而在中小型金融机构的管理当中，应当不断提升专业化水平，充分增强公众可信度。第五，有效加强金融监督与管理力度，全面落实专业法律法规的保障体系，在以往的经济发展历程当中吸取经验，促进整个金融市场顺畅运作。

2. 拓展社会投融资渠道，扩大货币政策传导路径

（1）有效实现居民投资模式的多样化。由于我国公众当前的理财模式以存款为主，难以有效实现形式多样的投资行为，因此民间资本具有很大的发展空间。可以通过不断拓宽投融资渠道，最终实现市场资金的有效运用。

（2）有效落实各类中小型企业和金融机构的主体作用。在资金

运作过程当中，相关管理部门可以通过再贴现与贷款的模式给予此类市场主体资金支持，不断增强其金融信用，有效促进其在货币传导机制中自身功能的全面落实。中小型企业在我国的经济管理实践当中发挥着重要的作用，并集中体现在各类经济政策的传导过程当中。然而在具体的运作实践当中，却难以得到金融机构的贷款支持，由此阻碍了中小型企业的良性发展，并严重影响到货币政策的有效落实，对投资管理领域形成了巨大的发展障碍。这就要求相关管理部门应当拓宽中小型企业贷款标准与渠道，全面提升资金管理水平，加强金融市场对于中小型企业的投入与支持，使其在资本市场运作当中获得发展的动力。

3. 提高企业对货币政策传导信号的敏感性

货币政策的重要影响因素是企业的货币需求，所以要充分发挥货币政策的作用必须以提高企业的综合实力和收益率为前提。因为只有企业的收益水平得到了有效提高，货币政策的推广才能在企业层面得到实现。

（1）继续深化企业股份制改革，促进企业进行政企分开的转型工作，以保证企业产权明确，提升企业的管理水平，为企业进行产业结构升级改造和技术创新打下坚实的制度基础，进一步提高企业的市场竞争力和综合实力。

（2）进一步推动产业结构改造，充分发挥企业的主观能动性来适应货币政策的调整。采用多种可行性措施推动产业结构升级优化，以企业兼并和重组的方式为主，以法律手段为辅，关闭一批管理水平低下，运行成本过高的小企业，或者对其进行兼并重组，促进产业集群化和规模化发展，提升产业的整体水平。此外，应加大对高科技产业和新兴产业的扶持力度，促进产业结构升级，以新产品来刺激市场需求的提升。只有做到产业结构的优化升级，企业才会主动适应货币政策的变化，使货币政策的推广使用更加顺畅。

4. 建立和完善消费信用体系，构造消费需求的货币政策传导渠道消费水平的高低对经济增长有着不可替代的重要影响，以美国为例，其个人消费总额对经济增长的拉动作用甚至达到了70%的惊人数字。但是消费对经济的刺激作用在我国体现得并不明显。因此引导消费不仅仅是拉动经济增长的重要方式，同时也是提高货币政策效力的重要手段。

（1）拉动消费的首要条件是要有完善的消费信用体系。首先，金融机构应和商品流通部门加强合作，为汽车以及房地产等大额消费品的支付方式作出完善的配套服务措施，特别是推行分期付款的试点工作。其次，政府应明确消费导向，对于那些不符合市场规律的消费政策要及时取消，对不适应经济发展的消费政策加以改进，或者根据经济发展形势制定新的消费政策，从政策角度对消费对象、消费行为、消费手段以及消费领域等方面加强引导。最后，金融部门应加快建立消费信用体系。

（2）拓宽货币政策在刺激消费方面的推广渠道。市场供给在供应短缺的条件下会极大地制约经济增长，因此对消费的作用往往不够重视。而当供大于求的时候，市场需求的作用逐步凸现出来。在这次全球化的金融危机中，政府多次下调利率和存款准备金率，尝试以宽松的货币政策引导居民减少银行储蓄，刺激市场消费需求以实现拉动经济复苏的目的。但是，由于我国的消费水平长期以来在经济增长中的比例较低，这一政策的效果并不明显，其原因既有传统的消费观念制约，也有我国社保体系不完善的因素，此外消费信用体系的不完善也制约了消费的增长。因此，拓展货币政策在刺激消费方面的推广渠道有重要的意义。考虑到收入水平对消费的决定作用，依靠货币政策拉动消费首先要建立并完善信贷机制以提高消费者的现期收入。目前，货币政策启动消费的传导渠道可以设计为：宽松的货币政策—货币供应量增加—用于消费信贷的资金增加—居民现期收入增加—居民消费需求增加—产出增加。

三、防范金融风险的宏观审慎监管政策

2008年爆发的全球金融危机充分暴露了各国在识别并控制系统性金融风险方面存在的严重缺陷。后金融危机时代，旨在削弱系统性风险的宏观审慎政策开始成为监管改革的主要内容，金融监管体制正在经历前所未有的重大变革。现阶段我国可借鉴国际货币基金组织（IMF）的研究成果和各国金融改革实践，在国家层面建立统一的协调机构，加强对系统性风险的审慎监管。

（一）宏观审慎监管的内涵

2008年金融危机再次开启了关于中央银行是否应承担金融监管职能的争论。国际货币基金组织（IMF）追本溯源，重新归纳界定了金融监管的目标和任务，并在此基础上总结了宏观审慎的内涵和目前采用的主要工具。

1. 金融监管的目标

国际货币基金组织重新归纳界定了金融监管的目标，就是着眼于防范系统性风险和保护消费者（投资者），具体包括：

（1）防范系统性风险。个体金融机构的失败对于其他金融机构和金融市场均可能产生影响，弱化的金融体系对经济也会存在负面影响。由于个体金融机构在防范风险时不可能内化这些影响因素，金融监管需要着眼于防范系统性风险，以避免这些影响或降低其成本。系统性风险包括宏观系统性风险和微观系统性风险，宏观系统性风险指金融机构互相影响致使金融系统整体风险暴露，微观系统性风险指个体金融机构的失败对金融系统整体产生负面影响。

（2）保护消费者（投资者）。金融市场的信息不对称使金融产品的卖方处于优势地位，这是保护金融市场消费者（投资者）的内在要求。在批发市场上，证券发行者相对购买方具有信息优势；在零售市场上，金融产品提供者的财务状况存在信息不对称。这些都

对制定信息披露规则、金融产品描述规则和可允许投资的限制规则等提出了要求。

2. 金融监管的任务

国际货币基金组织（IMF）重新归纳界定了金融监管任务，即金融监管覆盖审慎监管、业务监管、交易结算系统监管和风险金融机构的处置四项任务。

（1）审慎监管。从宏观系统风险的角度看，审慎监管的关键目标是控制风险聚集对金融系统和经济的影响。从微观系统风险的角度看，审慎监管旨在控制具有系统重要性金融机构失败的可能性和影响。因此，审慎监管主要包括针对金融机构的资本和流动性监管，以及防范或控制系统性风险的早期补救措施。

（2）金融业务监管。指监管部门通过制定规则对金融市场的交易活动和金融产品加以规范。从保护消费者的角度，零售市场需要建立金融产品信息披露、销售行为的规范。从保护投资者的角度，批发市场需要规范交易活动，如制定证券发行的信息披露要求，以及避免内部交易的规则等。

（3）交易结算系统监管。在批发市场中，主要指对交易合同清算、证券交易结算、大额支付系统的监管，目的是为了避免在交易结算过程中，个体金融机构破产对其他金融机构产生影响。在零售市场中，主要是指对信用卡交易的监管。

（4）风险金融机构的处置。传统风险处置工具包括中央银行承担最后贷款人职责、法定存款保险机制等。本轮金融危机后，特别处置制度受到越来越广泛的关注。通过设立搭桥银行、承诺保护失败金融机构的特定部门等措施，特别处置制度减弱了系统重要性金融机构无序破产可能导致的系统性风险，使管理当局摆脱了对“大而不倒”机构只能进行财政援助的困境。

3. 宏观审慎监管的工具

宏观审慎监管通过抑制金融体系的顺周期性，防范和化解系统性风险，保障金融体系良好运作，目前主要包括三类工具：

(1) 可调节的资本充足率。通常情况下，各国的金融监管当局对资本充足率实施统一的监管标准。宏观审慎监管针对资本规模、风险程度不同的金融机构，或在经济发展的不同时期，采取灵活、差异化的资本充足率标准，以降低顺周期性的影响，防止杠杆的过度运用。

(2) 动态拨备。按照权责发生制计提金融资产损失准备的做法可能放大了经济周期的波动性。宏观审慎监管可以采用动态配置方式，在经济上扬时期，提高金融机构的拨备，建立损失缓冲区，控制信贷的规模；在经济衰退时期，适度降低拨备规模，加大对经济的支持力度，缓解经济持续下滑的恶性循环，以便化解资产损失的影响，避免引发或加速经济衰退。

(3) 贷款价值比率。指按揭贷款规模与房产价值的比率，是衡量房地产价格不合理上涨带来系统性风险的指标。该比率越低，说明个人的支付能力越好，还款能力越强；该比率的迅速提高，可能暗示银行业风险的提高。宏观审慎监管可以通过控制该比率缓解过度放贷，进而避免顺周期性的扩散。目前，这一方法已被许多新兴经济体采用。

（二）进一步加强宏观审慎监管

就我国现阶段而言，当前复杂的经济金融环境对我国加强宏观审慎监管提出了客观要求。因此，应在国家层面建立统一的协调机构，加强对系统性风险的监管。

1. 我国当前经济金融环境复杂，对加强宏观审慎监管提出了客观要求

我国经济以新兴加转轨为基本特征，决定了我国的金融体系在相当长的时间内将主要为工业化和城镇化建设提供投融资服务，是典型的“银行主导型”金融体系。目前银行资产高度集中在大型国有银行，这些机构在经营行为与风险管理方式上具有很强的趋同性，政府融资、房地产贷款等有关风险也因此会高度集中。另一方

面，近年来金融混业经营在我国快速发展，银行、证券、保险、信托行业相互介入的案例逐渐增加，金融控股集团逐步形成壮大，对我国现行分业监管体制提出了挑战。同时，数量众多的担保公司、典当行、小额贷款公司等准金融机构也迅速发展，但仍游离于审慎监管之外，存在一定的系统性风险隐患。因此，复杂的经济金融环境客观上对我国加强宏观审慎监管，防范系统性风险提出了更高的要求。

2. 我国实施宏观审慎监管应关注维护货币政策的独立性

为维护经济、金融稳定和社会公众信心，货币政策应保持一定的独立性。但根据前述国际货币基金组织的研究结果，若中央银行同时履行货币政策和宏观审慎监管职能，由于两者在目标及措施选择等方面的冲突，最终将迫使货币政策做出妥协，影响货币政策独立性。在我国特定的金融体系下，这种对货币政策独立性的侵蚀将可能更加突出。在我国以银行为主导的金融体系下，银行经营模式相对单一，利差仍是利润的主要来源，作为主要货币政策工具之一的利率将对其具有重大的利害关系。因此，我国实施宏观审慎监管更应关注维护货币政策的独立性。

3. 在国家层面上加强对系统性风险的宏观审慎监管，实现宏观审慎和微观审慎的有效结合

宏观审慎监管要求主管部门能够宏观把控全局，协调各部门的共同发展，并及时处理个体机构或部门中出现的问题，从而保证金融业，乃至整体经济的安全、稳健发展。目前我国金融监管职能分散在“一行三会”、发改委及财政部等部门，各部门各司其职，分工合作，共同承担金融业的监管责任。为加强各监管机构防范化解金融风险的合力，可以考虑在国家层面上设立统一的协调机构，对涉及国家宏观金融政策、金融危机的应急事务等重大问题进行商讨，定期向国务院报告金融稳定的有关事务，使监管机构之间的合作逐渐转化为制度化、常态化、有实际决策内容的安排。

4. 人民银行宜继续专注货币政策目标，并充分发挥在宏观审

慎监管框架中的作用

当前我国实体经济持续增长，金融体系流动性相对充足，金融资产和不动产一定程度上呈现泡沫化现象，通货膨胀预期仍不可小觑，货币政策在维持价格稳定和经济增长的两难中还将面临巨大考验。未来一段时间，为保证经济、社会长期稳定协调发展，人民银行的工作重点仍将继续围绕稳定价格这一基本目标进行。同时人民银行也应充分吸收发达国家在本轮金融危机中的经验和教训，在继续专注价格稳定目标时，也注重政策执行过程中的宏观审慎视角，兼顾信贷增长和资产价格等影响金融体系长期稳定的因素。一是在制定和执行货币政策时，兼顾金融稳定目标，通过引进新的政策指标、延长考察周期等方式改良现有货币政策框架。二是充分发挥在宏观数据收集、整理和分析方面的优势，建立相应的宏观审慎政策共享数据库，形成统一、集中、高效的金融信息来源，实现信息和数据在各个部门的共享和利用。

四、防范金融风险的其他配套措施

（一）完善金融基础设施建设

金融基础设施是指金融运行的硬件设施和制度安排，主要包括支付体系、法律环境、公司治理、会计准则、信用环境、反洗钱以及由金融监管、中央银行最后贷款人职能、投资者保护制度组成的金融安全网等。金融基础设施的任何一个漏洞都可能直接影响大部分金融部门的运作。其中，托管结算体系是金融体系的核心基础设施，一旦托管结算链条中断，有可能形成整个体系的支付困难，从而引发系统性金融风险。

随着金融市场的发展，各国对于金融基础设施重要性的认识逐步加深，其安全高效运行已成为判断金融市场成熟与否的重要标志之一。进入21世纪，尤其是本轮全球金融危机后，金融基础设施越来越多地进入公共政策的视野。在此背景下，中共中央《关于全面深化改革若干重大问题的决定》、国务院《关于进一步促进资本市场健康发展的若干意见》等重要文件相继提出："加强金融基础设施建设，保障金融市场安全高效运行和整体稳定"，"优化金融环境，进一步健全金融市场的登记、托管、交易、清算系统"，"加强登记、结算、托管等公共基础设施建设"。在新一轮金融改革中，金融基础设施将在支持市场发展和创新、监测和控制风险、保障市场运行安全和提高市场效率等方面发挥更加重要的作用。我国金融基础设施现状见表6-1。

表6-1　　我国金融基础设施现状

	债券市场			股票市场		金融衍生品市场	
交易场所	外汇交易中心		沪、深交易所	场外	沪、深交易所	场外	中国金融期货交易所
净额清算	—	上海清算所	中证登	—	中证登	上海清算所	中国金融期货交易所
托管/结算	中央结算公司	上海清算所	中证登	中证登	中证登	—	—

一是完善托管结算体制。

多头监管、市场分割是长期困扰金融基础设施发展的难点，也是大家关注的焦点。能否实质推动债市统一是检验改革成色的试金石。期间牵涉监管体制改革、监管规则统一等系列问题，但最关键、也是最有效的是实现托管结算基础设施的统一，即不再让债券在多个机构分散托管和分割独立运行，以统一托管为基础，支持跨市场交易，实现市场的统一和安全高效的运行。这是国际证券结算标准的核心要求，也是国际普遍经验。

推动债券托管统一的路径，要遵循规律，统筹推进，逐步深化。第一步，对现有债券托管体系进行整合。在市场监管体制不作大调整的条件下，建议将债券等债权类证券的托管结算业务归于中央国债登记结算公司（简称中央结算公司），中证登专司股票等股权类证券的托管，上海清算所则回归中央对手方清算的定位，不再涉及债券托管业务。这样，形成基础设施的专业化分工，也可防止市场不成熟时不同市场之间的风险扩散。第二步，全面推动基础设施功能互补，系统互联，推动债券和投资者、发行人主体自由配置，打通不同交易场所。例如债券可以在交易所撮合交易，在中证登集中净额，最终在中央结算公司托管结算，这样，中央结算公司和中证登就可以互联互补。中央结算公司和上海清算所也可以互联互补，上海清算所为场外衍生品提供集中清算时需要债券担保品管理，而中央结算公司作为债券托管机构正擅长这种业务。第三步，未来建立功能齐全、风控有力、治理完善、监管协调的中央托管结算集团。“功能齐全”，即为债券、股票、基金等证券提供统一基础设施服务，甚至还包括衍生品和创新工具。“风控有力”，即在证券品种复杂繁多的条件下，严格区分托管功能和净额清算功能，分别由不同子公司独立承担，实现风险隔离。“治理完善”，即吸收市场代表性机构参股基础设施，参与治理，促进所有者和使用者目标的一致。“监管协调”，即鉴于托管结算集团业务领域广，涉及监管部门多，采取“功能监管 + 信息共享”的模式协调监管。在统一市场、整合金融基础设施的大思路下，发展集团化基础设施的目标是完全可行的，也是国际领先中央托管机构的实践做法。届时中国金融基础设施将全面进入世界先进行列。

二是完善交易机制。在银行间市场推出安全和效率更高的债券回购和借贷机制。有序放开银行参与，以健全国债期货的运行机制。

三是完善市场发行机制。推动市场集中规范地加强信息披露规范的一致性。要引导市场多采用信息披露充分、信用评级完整、监督健全、透明度高的发行方式，少采用以私募为名降低甚至规避市场约束要求的发行方式和品种。

（二）构建金融风险预警体系

在全球金融自由化浪潮下，金融机构间的业务界线逐步被打破，银行间竞争更加激烈，金融风险日趋复杂，金融监管变得更加重要。为了规避和分散金融风险，保证金融机构的稳健发展，保护消费者的利益，推动我国经济持续协调发展，我国应当进一步完善金融监管体制，优化外部条件以抵御对接国际市场带来的不确定性因素。

第一，加强管理部门的监管及金融企业内控。首先，各个监管部门应当相互合作，保证监管机制能够发挥作用。其次，面对新的发展机遇，要创新管理手段。再次，要推进金融企业组织架构调整，建立科学的企业内部管理制度。最后，加强企业的自我审查力度，并及时对股东披露相应的问题，对发现的问题及时提出解决方案。

第二，构建金融风险的预警体系。金融不稳定因素转化为金融危机之前是有一定征兆的，通过建立风险预警体系可以及时发现问题，及时处理问题，防止不良影响的蔓延。这一体系的建立可以适当参考国际成熟经验及我国的发展现状，保证预警体系的实用性。

第三，完善金融救助制度和最后贷款人制度。在处理金融危机中，我国还缺乏专门的法律法规，一些相关法律如《中国人民银行法》、《商业银行法》、《公司法》和《金融机构管理规定》对金融危机处理的规定过于原则化。处理方法上，国际上通用的许多举措如存款保险制度、提供流动性资金支持等我国尚未涉及，现已采取的主要还是基于政府干预的处理方式，并主要依靠政府或中央来弥补损失。为此，一是完善最后贷款人办法。对于陷入经营困境的金融机构要根据其具体情况采取措施区别对待。对于暂时经营困难的要重点进行帮扶，对于确实无法继续经营的可以采取并购或者清算程序进行处理。二是重视不良资产的出售，形成常态化机制。由中国人民银行或其他金融监管当局出面牵头，积极号召发展状态较好的同类机构购买不良资产，通过资源整合，将不良资产进行转化，当然，中国人民银行或者其他金融监管机构可以对购买不良资产的金融机构给予适当的补贴，由购买方承担破产企业应履行的责任。三是建立市场退出机制。要在市场调研的基础上提出合理的退出市场的办法，保证市场主体的流动性。

（三）适时建立存款保险制度

金融机构有市场进入就有市场退出的问题，优胜劣汰是市场经济的基本规律。银行出现严重的流动性或偿付能力问题时，不仅会使公众对个别机构的信心发生动摇，而且，由于影响的蔓延和传播，会使整个金融体系的安全和稳定受到冲击。为了保护公众利益，限制风险的扩散，防止金融体系的崩溃瓦解，维护金融体系的稳定，有必要建立一套处理银行危机的特殊机制。在这方面，存款保险制度就是一种对存款人利益提供保护、维护金融体系稳定的重要制度安排。存款保险制度的主要目标是当银行经营失败时，为存款人提供一个“安全网”。在这一制度安排下，吸收存款的金融机构根据其吸收存款的数额，按规定的保费率向存款保险机构投保，当金融机构破产倒闭而无法满足存款人的提款要求时，由存款保险机构承担支付法定保险金的责任，对存款人的损失给予限额赔偿。

存款保险制度主要有以下两个方面的积极作用：一是保护存款者特别是中小储户的利益。对大多数存款人来说，他们不可能对接受自己存款的银行或其他金融机构的信誉、实力和经营状况有较为全面的了解，因此，也不可能作出恰当的评价。特别是那些小额储蓄持有者，他们为数众多，但缺乏经验，不可能对自己所选择的储蓄出路的风险程度作出客观的判断，更谈不上采取有效的风险分散策略。存款保险机构依法履行被保险存款赔付职能，有利于保护中小储户的利益。二是维护整个金融体系的稳定。当个别银行陷入困境时，存款保险制度的存在可以增加大众对金融体系安全性的信心，使受保护范围内的存款人不会热衷于挤兑活动，减少恐慌在存款人之间的扩散，防止挤兑风波向正常金融机构蔓延，从而缓和个别银行经营失败对整个金融体系稳定性的冲击，也为监管当局采取纠正措施提供较大的回旋余地，从而对稳定金融体系起到重要作用。此外，存款保险体系在一定程度上还有利于提高金融体系的运作效率。某些银行由于其规模或影响而在市场上处于有利地位，但它们未必有很高的效率。例如，一些大银行往往被认为比小银行安全，即使在没有存款保险制度的情况下，一旦出现问题，存款人认为金融监管当局也不会让这些大银行倒闭。同样的道理，国有银行往往被认为有国家作信用担保，全额支付存款是没有问题的。相比之下，那些小银行、非国有银行在这方面自然没有可比性。而一个完善的存款保险体系可以淡化某些银行所享有的竞争优势，从而有利于促进竞争的公平性。与此同时，存款保险体系的存在，可以为金融监管当局采取果断措施消除后顾之忧，从而有利于促使那些效率差的金融机构退出金融体系，这样有利于提高市场机制的运作效率。

当然，存款保险制度也存在负面影响。存款保险范围的不断扩大，会削弱市场规则在抑制银行冒险行为方面的积极作用。“安全网”的存在会诱导存款人过分依赖存款保险机构，降低关心银行财务状况、经营情况的积极性，比如，存款人可能将资金存入那些许诺付给最高利息的金融机构，而不管这些机构的经营管理水平和资金实力是否弱于它们的竞争对手。银行自身在制定经营管理政策时，也倾向于将存款保险制度视为一个依赖因素，有可能促使银行无所顾忌地从事过度的冒险活动。有鉴于此，对存款保护的范围和规范应有一定的限制。

从世界范围看，尽管银行已存在了几个世纪，但存款保护体系的建立却仅仅是近几十年的事。在历史上往往是发生较严重的银行危机之后，有关国家才被迫建立存款保护制度。美国是西方国家中建立存款保险制度最早的国家，1933 年大危机之后，由联邦政府出面创建了联邦存款保险公司，专对商业银行和互助储蓄银行的存款提供保险。目前，美国98%以上的商业银行和各种吸收存款的金融机构都参加了联邦存款保险公司的存款保险，并接受该公司的监督。20世纪70年代以来，由于出现金融动荡不安的形势，不少西方国家纷纷以不同的形式建立起适合于本国国情的存款保险制度。

目前，各国存款保险制度的特点和运作方式有很大不同。从类型上来说，大体分为三类：一是由官方建立存款保险机构，如美国、英国、加拿大等；二是由官方和银行界共同建立存款保险机构，如日本、比利时等；三是由银行同业合建存款保险机构，如德国、法国、荷兰等。参加存款保险的原则也不尽相同：有的自愿，有的强制，有的甚至还以参加存款保险作为银行领取营业执照的先决条件。根据存款所有人、货币单位、地域分布及数量多少等诸多因素，各国之间在存款保护范围上也不尽一致。除加拿大、挪威和美国之外，其他国家均未将银行同业存款纳入保护范围之内。存款保护同样也不适用于某些特殊类型的存款，如法国对大额可转让存单不予保护；在荷兰，保护范围仅限于个人和非盈利组织的存款。

我国目前尚没有银行存款保险制度。在这个发展阶段，政府在市场干预方面还是比较明显，例如金融机构经营不善会导致破产倒闭，其尚未清偿的债务将会由中国人民银行及国家财政进行处理，债权人可以获得足额的资金补助，这样操作有助于保持金融的稳定。但是，由于补助的资金来源非常有限，且不按照市场规律来进行处理，使得破产金融机构撤出市场的操作占用大量的国家资源。这种模式也对金融体系的健康运转带来负面影响。若国家财政收入不足以解决破产金融机构的债务，则需要调用或者增发货币来解决问题，这样有可能会造成物价持续大幅度上涨。从金融改革与发展的趋势上看，我国银行运作机制日趋市场化，国家的隐性信用担保将从国有商业银行逐步退出，国内商业银行倒闭的可能性确实存在，存款者对金融机构风险的评估也在发生变化，一旦银行储备资金不足，危机开始显现，挤兑就可能马上发生。随着全球化进程的不断加快，我国的金融市场开始与国际接轨，各种新问题、新挑战也在不断涌现，银行机构出现危机的概率也在增大。由于面临的环境变得更加复杂，所以监管部门的工作难度也在增加。所以除了加强监管以外，还要通过存款保险制度来减少不确定性因素对整个市场的冲击。存款保险制度的建立有利于市场竞争环境的培育，有利于金融企业改变运营模式，降低系统风险，提高整个行业的经营效率。

存款保险制度的建立，将有助于推进我国金融机构市场退出工作和市场直接挂钩，充分考虑制度建立的目的，以及可能的运营方式，管理部门可以由国家财政和参加存款保险的金融机构共同出资建立，它与一般的保险机构不同，不以营利为经营目的，可视为政策性的保险机构，它的主要作用可以包括以下几个方面：帮助陷入困境的金融企业偿付债务，对业绩不佳的金融机构进行并购整合，对破产的金融机构进行资产处置。存款保险机构设立以后，国家可以出台相关规定，让中小企业无条件投保，降低业务风险发生时带来的不利影响。投保流程及具体费用的收取要进行科学的论证，应根据实际情况确定一个存款保护金额的最高点，对超过限定数额部分的存款不予保护。由于存款保险公司在银行的经济状况和风险情况有利益相关的关系，故存款保险公司应该有权参与银行的管理和监测，以将其风险尽可能地降低。最后贷款人是一国中央银行为化解银行风险，向暂时出现流动性困难的问题银行提供紧急援助的一种制度安排，最后贷款人政策与存款保险制度被认为是国际上通行的银行安全网的两大基石，应注意协调处理好最后贷款人政策和存款保险制度之间的关系。

参考文献

［1］［澳］克里斯·马腾：《银行资本管理：资本配置和绩效测评》［M］，北京：机械工业出版社，2004 年。

［2］［比］热诺尔·罗兰：《转型与经济学》［M］，北京：北京大学出版社，2002 年。

［3］财政部财政科学研究所编：《热点与对策：2008—2009 年度财政研究报告》［M］，北京：中国财政经济出版社，2010 年。

［4］陈学彬：《金融博弈论》［M］，上海：复旦大学出版社，2007 年。

［5］金歌：《2009 金融风暴下的中国》［M］，北京：中国社会科学出版社，2009 年。

［6］廖君沛：《宏观与开放视角下的金融风险》［M］，北京：高等教育出版社，2009 年。

［7］李杨、胡滨：《金融危机背景下的全球金融监管改革》［M］，北京：社会科学文献出版社，2010 年。

［8］刘尚希等：《财政风险及其防范问题研究》［M］，北京：经济科学出版社，2004 年。

［9］刘锡良：《中国经济转轨时期金融安全问题研究》［M］，北京：中国金融出版社，2004 年。

［10］苏明：《财政理论与财政政策》［M］，北京：经济科学出版社，2004 年。

［11］王秋石、丰羽、陈红艳：《全球金融危机：成因、应对、思考》［M］，北京：经济科学出版社，2010 年 12 月。

［12］闫坤、王进杰：《公共支出理论前沿》［M］，北京：中

国人民大学出版社，2004 年。

[13] 张通：《中国财政政策与经济社会发展》[M]，北京：经济科学出版社，2009 年。

[14] 张维迎：《博弈论与信息经济学》[M]，上海：上海三联出版社、上海人民出版社，2003 年。

[15] 巴曙松、王文强：《次级债市场发展与中国商业银行资本金结构调整》[J]，《中国人民大学学报》，2005 年第 1 期。

[16] 卞志村、陈义林：《经济结构调整目标下的财政货币政策协调》[J]，《广东金融学院学报》，2008 年第 11 期。

[17] 常春凤：《改革开放三十年：中国经济波动与宏观调控的回顾与反思》[J]，《经济学家》，2009 年第 2 期。

[18] 陈坚：《美国次贷危机及其对我国启示》[J]，《金融经济》，2008 年第 2 期。

[19] 陈红泉：《次贷危机影响我国实体经济的传导机制与对策》[J]，《深圳大学学报》，2009 年第 1 期。

[20] 财政部财政科学研究所：《中国地方政府债务风险和对策》[J]，《经济研究参考》，2010 年第 14 期。

[21] 崔惠民：《财政政策与货币政策的组合效应》[J]，《学术交流》，2009 年第 6 期。

[22] 丁奕民：《外汇管理实施“负向清单”政策取向的若干建议》[J]，《金融纵横》，2010 年第 6 期。

[23] 郭田勇、廖力：《金融危机和宏观审慎监管》[J]，《经济研究》，2010 年第 13 期。

[24] 雷亮海、魏遥：《美国次贷危机的传导机制》[J]，《世界经济研究》，2009 年第 1 期。

[25] 李瑞红：《逆周期监管工具、机制与我国的选择》[J]，《北京市经济管理干部学院学报》，2010 年第 1 期。

[26] 李文泓：《关于宏观审慎监管框架下逆周期政策的探讨》[J]，《金融研究》，2009 年第 7 期。

[27] 廖国民、刘巍：《银行体制、破产成本与政府担保》[J]，《管理世界》，2005 年第 3 期。

[28] 刘仁伍：《构建宏观审慎管理新体系》[J]，《中国金融》，2010 年第 13 期。

[29] 刘尚希：《我国财政风险制度特征："风险大锅饭"》[J]，《管理世界》，2004 年第 5 期。

[30] 刘儒：《我国商业银行不良贷款的博弈分析》[J]，《浙江金融》，2008 年第 4 期。

[31] 刘天际：《金融危机对我国宏观经济的影响》[J]，《经济研究导刊》，2009 年第 11 期。

[32] 刘媛：《金融领域的原则性监管方式》[J]，《法学家》，2010 年第 3 期。

[33] 刘超、刘志威：《保险业顺周期形成机制及其逆周期监管问题研究》[J]，《南方金融》，2010 年第 8 期。

[34] 刘骏民、李凌云：《世界经济虚拟化中的全球经济失衡与金融危机》[J]，《社会科学》，2009 年第 1 期。

[35] 陆克文：《全球金融危机的根源与变革》[J]，《中国金融》，2009 年第 6 期。

[36] 时辰宙：《英国式金融监管的悖论与启示》[J]，《上海经济研究》，2010 年第 2 期。

[37] 施华强：《我国国有商业银行不良贷款内生性：一个基于双重软预算约束的分析框架》[J]，《金融研究》，2004 年第 6 期。

[38] 苏胜新、苏文韬：《美国次贷危机及其对我国的启示》[J]，《中国总会计师》，2008 年第 6 期。

[39] 宋涛、唐德善：《中央政府救助对国有银行不良贷款影响的博弈分析》[J]，《特区经济》，2006 年第 12 期。

[40] 谢平、邹传伟：《金融危机后有关金融监管改革的理论综述》[J]，《金融研究》，2010 年第 2 期。

[41] 闫海：《后金融危机时代的宏观审慎监管工具创新》[J]，《财经科学》，2010 年第 10 期。

[42] 闫坤、陈新平：《我国当前金融风险财政化问题及对策》[J]，《管理世界》，2004 年第 10 期。

[43] 余学斌：《转轨时期国有银行不良贷款的生成机理与对策》[J]，《财政研究》，2004 年第 4 期。

[44] 吴宏、刘威：《全球经济失衡的形成机制及其前景》[J]，《江西财经大学学报》，2008 年第 6 期。

[45] 王力伟：《宏观审慎监管研究的最新进展：从理论基础到政策工具》[J]，《国际金融研究》，2010 年第 11 期。

[46] 王石河、李虹、徐瑶：《区域金融监管若干问题探索》[J]，《区域金融研究》，2010 年第 6 期。

[47] 王彦：《浅析政府对于金融衍生产品监管的问题》[J]，《改革与开放》，2010 年第 6 期。

[48] 王一江、田国强：《不良资产处理、股份制改造与外资战略》[J]，《经济研究》，2004 年第 11 期。

[49] 王志峰：《次贷危机对我国银行业的影响及对策》[J]，《国际金融研究》，2009 年第 1 期。

[50] 周立：《渐进转轨、国家能力与金融功能财政化》[J]，《财政研究》，2005 年第 2 期。

[51] 张通：《关于我国政府收支分类体系改革的思考》[J]，《财政研究》，2000 年第 8 期。

[52] 张明：《次贷危机的传导机制》[J]，《国际经济评论》，2008 年第 7 期。

[53] 中国银监会课题组：《完善公司治理是国有商业银行改革的核心》[J]，《中国金融》，2005 年第 5 期。

[54] 郑鑫：《双重压力下我国应对金融危机的政策选择》[J]，《中州学刊》，2009 年第 1 期。

[55] Allen, F., Modeling Financial Stability, *National Institute*

Economic Review, 2005 April, 192.

[56] Arrow, K. , and R. Borzekowski, Limited Network Connections and the Distribution of Wages, *Finance and Economics Discussion Series*, 2004 - 41, Federal Reserve Board, Washington, D. C. .

[57] Aspachs, O. , C. Goodhart, M. Segoviano, D. Tsomocos, and L. Zicchino, Searching for a Metric for Financial Stability, paper presented at the U. S. FDICs 6th Annual Bank Research Conference, September 13 - 15, 2006 (Arlington, Virginia) .

[58] Babus, A. , The Formation of Financial Networks, Discussion Paper 06 - 093, 2007, Tinbergen Institute.

[59] Beck, T. , A. Demirgüç - Kunt, and R. Levine, Bank Concentration and Crises, NBER Working Paper, No. 9921, Cambridge MA, 2003.

[60] Beck, T. , Demirguç - Kunt, A. and Levine, R. , Bank Concentration, Competition and Crises: First Results, *Journal of Banking and Finance*, 2003, 30, 1581 - 1603.

[61] Bloch, F. , and M. Jackson, Equilibrium Definitions in Network Formation Games, *International Journal of Game Theory*, 2006, 34, 305 - 318.

[62] Bloch, F. , and M. Jackson, The Formation of Networks with Transfers among Players, *Journal of Economic Theory*, 2007, 133, 83 - 110.

[63] Bloch, F. , G. Genicot, and D. Ray, Informal Insurance on Social Networks, *Journal of Economic Theory*, 2008.

[64] Boyd, J. H. , and De Nicoló, G. , The Theory of Bank Risk Taking and Competition Revisited, *Journal of Finance*, 2006, 60, 1329 - 1343.

[65] Bramoulle, Y. , and G. Saint - Paul, Social Networks and Labor Market Transitions, mimeo, Université Laval and Université Tou-

louse, 2006.

[66] Bramoulle, Y. , and R. Kranton, Public Goods in Networks, *Journal of Economic Theory*, 2007a, 135, 478 -494.

[67] Bramoulle, Y. , and R. Kranton, Risk Sharing across Communities, *American Economic Review Papers and Proceedings*, 2007b 97, 70 -74.

[68] Bramoulle, Y. , and R. Kranton, Risk - Sharing Networks, *Journal of Economic Behavior and Organization*, 2007c 64, 275 -294.

[69] Calvo - Armengol, A. , and M. Jackson, The Effects of Social Networks on Employment and Inequality, *American Economic Review*, 2004 94, 426 -454.

[70] Calvo - Armengol, A. , and M. Jackson, Networks in Labor Markets: Wage and Employment Dynamics and in Equality, *Journal of Economic Theory*, 2007 132, 27 -46.

[71] Carlson, M. and Mitchener, K. J. , Branch Banking, Bank Competition, and Financial Stability, Working paper, 2005, NBER.

[72] Castiglionesi, F. , and N. Navarro, Optimal Fragile Financial Networks, mimeo, Tilburg University, 2007.

[73] Cebenoyan, S. and P. Strahan, Risk Management, Capital Structure and Lending at Banks, *Journal of Banking and Finance*, 2004, vol 28, pp 19 -43.

[74] Chakrabarti, R. , The Indian Microfinance Experience - Accomplishments and Challenges, 2005, Available at SSRN: http: //ssrn. com/abstract =649854.

[75] Cohen, L. , A. Frazzini, and C. Malloy, The Small World of Investing: Board Connections and Mutual Fund Returns, NBER Working Paper No. 13121, 2007.

[76] Dasgupta, A. , Financial Contagion Through Capital Connections: A Model of the Origin and Spread of Bank Panics, *Journal of Eu-*

ropean Economic Association , 2004 2, 1049 – 1084.

[77] Deutsche Bundesbank, Report on the Stability of the German Financial System, Monthly Report, Frankfurt, 2003, December.

[78] Dutta, B., S. Ghosal, and D. Ray, Farsighted Network Formation, *Journal of Economic Theory* , 2005 122, 143 – 164.

[79] Fafchamps, M., and F. Gubert, The Formation of Risk – Sharing Networks, *Journal of Development Economics* , 2006.

[80] Fell, J. and G. Schinasi, Assessing Financial Stability: Exploring the Boundaries of Analysis, National Institute Economic Review, 2005, April, 192.

[81] Ferguson, R., *Should Financial Stability Be An Explicit Central Bank Objective*? Federal Reserve Board of Governors, Washington D. C., 2002.

[82] Financial Stability Forum, *Report of the Financial Stability Forum on Addressing Procyclicality in the Financial System*, 2 April 2009.

[83] Fontaine, F., Do Workers Really Benefit from their Social Networks? IZA Discussion Paper , 2004 1282, Bonn.

[84] Foot, M., What is Financial Stability and How do We Get It? The Roy Bridge Memorial Lecture, Financial Services Authority, London, 2003.

[85] Freixas, X., B. Parigi, and J. C. Rochet, Systemic Risk, Interbank Relations and Liquidity Provision by the Central Bank, *Journal of Money, Credit and Banking* , 2000 32, 611 – 638.

[86] Furfine, C., Interbank Exposures: Quantifying the Risk of Contagion, *Journal of Money*, 2003, Credit and Banking 35, 111. 128.

[87] Furusawa, T., and H. Konishi, Free Trade Networks, *Japanese Economic Review*, 2005 56, 144. 164.

[88] Gai, P., and S. Kapadia, Contagion in Financial Networks,

Working Paper, Bank of England, 2007.

[89] Gale, D. , and S. Kariv, Bayesian Learning in Social Networks, *Games and Economic Behavior*, 2003 45, 329. 346.

[90] Gale, D. , and S. Kariv, Trading in Networks: A Normal Form Game Experiment, Working Paper, New York University, 2007.

[91] Galeotti, A. , and S. Goyal, A Theory of Strategic Diffusion, Working Paper, University of Essex, 2007.

[92] Galeotti, A. , Goyal S, F. Vega - Redondo, and L. Yariv, Network Games, mimeo, University of Essex, 2007.

[93] Gaspar, J. M. , and M. Massa, Intra - Firm Corporate Connections and Firm Value, Working Paper, INSEAD, 2007.

[94] Gilles, R. P. , and S. Sarangi, Stable Networks and Convex Payoffs, Working Paper, Virginia Tech, 2005.

[95] Goderis, B, I Marsh, J Castello and W Wagner, Bank Behavior with Access to Credit Risk Transfer Markets, Cass Business School, Working Paper, 2006.

[96] Golub, B. , and M. Jackson, Naive Learning in Social Networks: Convergence, Influence and the Wisdom of Crowds, Working Paper, Stanford University, 2007.

[97] Goyal, S. , and F. Vega - Rodondo, Structural Holes in Social Networks, *Journal of Economic Theory*, 2007.

[98] Hochberg, Y. , A. Ljungqvist, and Y. Lu, Whom You Know Matters: Venture Capital Networks and Investment Performance, *Journal of Finance*, 2007 62, 251 - 301.

[99] Hoelscher, D. , and Marc Quintyn, A Framework for Managing Systemic Banking Crises, IMF Occasional Paper, 2003, Washington, D. C.

[100] Houben, A. , J. Kakes, and G. Schinasi, Framework for Safeguarding Financial Stability, IMF Working Paper 04/101, 2004,

Washington. , D. C. July.

[101] IMF , Global Financial Stability Report - Market Developments and Issues, April 2006, Washington, D. C. , 2006.

[102] IMF, Global Financial Stability Report - Financial Market Turbulence: Causes, Consequences, and Policies, October 2007, Washington, D. C.

[103] IMF, Global Financial Stability Report - Containing Systemic Risks and Restoring Financial Soundness, April 2008, Washington, D. C.

[104] Ioannides, Y. , and A. R. Soetevent, Wages and Employment in a Random Social Network with Arbitrary Degree Distribution, *American Economic Review Papers and Proceedings*, 2006 96, 270 - 274.

[105] Iyer, R. , and J. L. Peydro - Alcalde, The Achilles. Heel of Interbank Markets: Financial Contagion Due to Interbank Linkages, Working Paper, ECB, 2007.

[106] Jackson, M. , *A Survey of Models of Network Formation: Stability and Efficiency*, Cambridge University Press, Cambridge U. K, 2004.

[107] Jackson, M. , and A. Van Den Nouweland, Strongly Stable Networks, *Games and Economic Behavior*, 2005 51, 420 - 444.

[108] Kramarz, F. , and D. Thesmar, Social Networks in the Boardroom, CEPR discussion paper , 2007 5496.

[109] Leitner, Y. , Financial Networks Contagion Commitment and Private Sector Bailouts, *Journal of Finance*, 2005, 60, 2925 - 2953.

[110] Leitner, Y. , Financial Networks: Contagion, Commitment, and Private Sector Bailouts, *Journal of Finance*, 2005 60, 2925 - 2953.

[111] Lopez - Pintado, D. , Diffusion in Complex Social Networks, *Games and Economic Behavior*, 2007.

[112] Lopez - Pintado, D. , and D. Watts, Social Influence, Bi-

nary Decisions and Collective Dynamics, Working Paper, Columbia University, 2007.

[113] Minguez - Afonso, G., and H. Shin, Systemic Risk and Liquidity in Payment Systems, Working Paper, London School of Economics, 2007.

[114] Mobius, M., and A. Szeidl, Trust and Social Colateral, Working Paper Harvard University, 2007.

[115] Morrison, A., and Jr. W. Wilhelm, *Investment Banking: Institutions, Politics and Law*, Oxford and New York: Oxford University Press, 2007.

[116] Nguyen - Dang, B., Does the Rolodex Matter? Corporate Elite. s Small World and the Effectiveness of Boards of Directors, Working Paper, Chinese University of Hong Kong, 2007.

[117] Nier, E., Baumann, U. Market Discipline, Disclosure and Moral Hazard in Banking, *Journal of Financial Intermediation*, 2006 15, 332 - 361.

[118] Oosterloo, O., J. de Haan, and R. Jong - A - Pin, Financial Stability Reviews: A First Empirical Analysis, paper presented at the Federal Reserve Bank of Chicago Conference on International Financial Instability: Cross - Border Banking and National Regulation, October 5, 2006.

[119] Pistor, K., Network - Finance: An Institutional Innovation for a Global Market Place, Working Paper, Columbia University, 2007.

[120] Plosser, C. I. Financial Econometrics, Financial Innovation, and Financial Stability. Remarks for the Inaugural Conference of the Society for Financial Econometrics, New York University Stern School of Business, 2008/6/5.

[121] Schinasi, G., *Safeguarding Financial Stability: Theory and Practice*, Washington: International Monetary Fund, 2006a.

[122] Truman, Edwin, *Inflation Targeting in the World Economy*, Washington: Institute for International Economics, 2003.

[123] Upper, C., Contagion Due to Interbank Credit Exposures: What Do We Know, Why Do We Know It, and What Should We Know? Working Paper, Bank for International Settlements, 2006.

[124] Upper, C., and A. Worms, Estimating Bilateral Exposures in the German Interbank Market: Is There a Danger of Contagion? *European Economic Review*, 2004 48, 827 - 849.

[125] Wagner, W., Marsh, I. Credit Risk Transfer and Financial Sector stability. Working Paper, Cambridge Endowment for Research in Finance, University of Cambridge, 2004.

[126] Wells, S., U. K. Interbank Exposures: Systemic Risk Implications, *Journal of Monetary Economics*, 2004 2, 66 - 77.

后　记

著名诺贝尔经济学家阿瑟·刘易斯曾说，“预测周期的过程要求不仅能预测人类的行为，而且还要预测一些具体的事情。因为人类的行为必定对这些事情作出反应。”现实生活中，人们希望拥有强大的预测能力，准确预测经济趋势和金融风险，从而更好地掌控生活，但事实上很难实现。

漫长的金融史见证了一轮又一轮金融危机的残酷洗礼，却始终无法预测和避免危机的再度发生。经济学中无论基钦周期、朱格拉周期、库兹涅茨周期、康德拉季耶夫周期，还是熊彼特的综合性周期理论，都试图揭示经济发展在繁荣与萧条中周期性更迭这一亘古不变的规律。但是，如何准确预测金融风险并有效规避，仍是经济学领域的一大难题。

回顾金融发展史，近二百年来，国际上平均每年会发生 6 次或大或小的金融危机。在周而复始的金融危机中，尽管每次危机的表现形式与演变历程各不相同，但正如美联储前主席伯南克在总结次贷危机教训时所指出的，“历史不会重复自己，但会押着同样的韵脚。”金融危机的过程总是伴随着资产价格的非理性上升，投机盛行，政府、企业和个人的杠杆率提升，政府监管放松，市场脆弱性不断增强。

2008 年发生的全球金融危机规模之大，是自 20 世纪 30 年代以来所罕见的。它对各国造成负面影响程度之深远，为二百年来现代资本主义危机史之最。危机爆发已近十年，今天我们重新审视这次金融危机，仍有许多值得我们深入思考的地方。

我对于金融风险的研究，并不是一时兴起，在我选择研究这个方向时，我国经济正处于转型发展的关键时刻，不少矛盾和问题日益凸显，金融风险积聚。虽然我国系统性风险总体可控，但是不良资产风险、流动性风险、债券违约风险、影子银行风险、外部冲击风险、房地产泡沫风险、政府债务风险、互联网金融风险等正在累积，金融市场上也乱象丛生。基于此，我开始着手金融风险的研究。本书从资料收集到酝酿写作历时多年，而真正定稿则是近半年的事情。即便如此，由于当前金融形势的快速发展，许多内容尚未最终定稿，又因实践的变化而弃之重写。本书虽有一定的创新，但是我非常清楚，它们的探索性和尝试性远远大于其严谨性和成熟性。

在本书的写作过程中，获得了诸多帮助。感谢我的博士生导师张通教授，张教授高屋建瓴的指导和润物无声的教诲，使我受益匪浅。感谢我的博士生老师闫坤教授，闫教授严谨的学术作风和乐观的生活态度，为我的学术征程树立了榜样。感谢我的硕士生导师何小锋教授，何教授渊博的学识和认真的治学态度，深深影响着我的学术成长。感谢我的领导宗军总监，宗总监敏锐的政策把握力、深邃的研究洞察力，时刻激励着我不断地努力和不懈地追求。

同时我要感谢中国财政科学研究院的贾康教授、刘尚希教授、杨照南教授、吕旺实教授，以及北京大学的刘伟教授、萧国亮教授、张延教授、董志勇教授等老师们对我的学术指导。感谢中央结算公司水汝庆董事长、陈刚明总经理、白伟群监事长、柳柏树副总经理等领导们对我工作的指导，感谢中央结算公司同事们对我的关心和帮助。感谢中国财政经济出版社的大力支持，感谢编辑们的辛苦工作。

我要感谢我的父母和家人们，还有我年幼的儿女——郑宸烁和郑泓鸣。他们默默承担了许多家务劳动，而很少被陪伴。正是由于他们的理解和支持，我才顺利完成本书的写作。

由于本人学识有限，偏颇缺失，恐难幸免，敬请读者朋友们不吝赐教。

商瑾

2018 年 3 月 13 日于北京金融街